윤상인 서울대학교 아시아언어문명학부 교수

전형준 서울대학교 중어중문학과 교수

이동렬 서울대학교 명예교수

김화영 고려대학교 명예교수

송병선 울산대학교 스페인중남미학과 교수

고전 강연

6

근대·현대 소설 (1)

문화의 안과 밖

고전 강연

윤상인
전형준
이동렬
김화영
송병선

6
근대·현대
소설(1)

민음사

머리말

『고전 강연』은 네이버 문화재단이 지원하는 '문화의 안과 밖' 강연의 두 번째 시리즈 '오늘을 성찰하는 고전 읽기'를 책으로 엮은 것이다. '문화의 안과 밖'은 오늘날 학문의 여러 분야에서 문제가 될 만한 주제들을 다루면서, 학문의 현재 위상에 대한 일단의 성찰을 시도하고 그 기초의 재확립에 기여할 것을 목표로 한 기획이었다.

지금까지 우리 학문의 기본자세를 결정한 것은 긴급한 시대의 부름이었다. 이는 정당한 것이면서도, 전통적으로 학문의 사명으로 정의되어 왔던 진리 탐구의 의무를 뒷전으로 밀리게 하는 일이기도 했다. 그리하여 새삼스럽게 상기할 필요가 있는 것은 진리에 대한 추구가 문화의 핵심에 자리할 때 건전한 사회가 유지될 수 있다는 사실이다. 그리고 그에 비추어서만 현실 문제에 대한 진정한 해답도 찾을 수 있다.

'문화의 안과 밖'은 학문적 기준을 지키면서도 일반 청중에 열려 있는 강연 시리즈다. 일반 청중과의 대화는 학문 자체를 위해서도 중요한 의미를 지닌다. 그것은 특별한 문제에 집중하여 전문적으로 연구하는 학문을 보다 넓은 관점에서 되돌아보게 한다. 사회적 열림은 자연스럽게 학문이 문화 일반과 맺는 관련을 생각하게 한다. 그리고 그에 요구되는 다면적 검토는 학문 상호 간의 대화를 자극할 것이다.

그리하여 넓어지는 학문적 성찰은 당면하는 문제의 궁극적인 배경으로서 보편성의 지평을 상정할 수 있게 한다. 가장 넓은 의미에서의 건전한 사회의 바탕은 여기에 이어져야 마땅하다고 할 수 있다.

그러나 너무 넓은 관점에서 시도되는 성찰은 지나치게 일반적이고 추상적인 것이 되어 학문적 사고가 태어나는 구체적 정황을 망각하게 할 수 있다. 현실에 대한 개념적 이해는 학문이 추구하는 목표의 하나다. 이에 못지않게 중요한 것은 그러한 개념과 이해가 생성되는 이해의 동역학이다. 이것을 생각하게 하는 계기의 하나는 고전 텍스트의 주의 깊은 독서일 것이다. 그러나 고전이 된 텍스트는 새로이 해석되어야 비로소 살아 움직이는 현실로서 이해될 수 있다. 해석은 텍스트에 충실하면서 그것이 오늘의 삶에 지니는 의미를 생각해 보는 작업이다. 또 고전이 동시대에 지녔던 자리와 의미를 알아보는 일도 필요하다. 이러한 동시대적 의미를 밝힘으로써 고전은 삶의 핵심적 사건으로서 구체성을 얻게 되고, 오늘의 삶의 조명에 도움을 줄 수 있다.

물론 고전을 읽는 데에 한 가지 고정된 접근 방법이 있는 것은 아니다. 선택된 고전을 어떻게 읽느냐 하는 것은 고전의 독특한 성격에 따라, 또 강연자의 관심에 따라 다를 수밖에 없다. 접근 방법을 고정하는 것은 고전을 통하여 사회의 정신을 넓히고 깊게 하는 것이 아니라 그것을 좁히고 옅게 하는 일이 될 것이다.

이번 고전 강연 시리즈에서 다루는 텍스트는 50여 권에 한정된다. 이를 선택하는 것은 극히 어려운 일이었다. 우리는 강연에서 다루는 고전들이 다른 고전 텍스트로 나아가는 길을 열기를 희망한다. 시리즈의 처음, 1권에 자리한 여러 고전 전통에 대한 글은 보다 넓은 고전들의 세계로 나가는 길잡이로서 계획된 것이다. 고전 읽기가 우리 문화의 안과 밖을 넓히고 깊이 있게 하는 데 도움이 되기를 바란다.

문화의 안과 밖 자문위원회

37

나쓰메 소세키와 일본의 근대

나쓰메 소세키의 『마음』 읽기

윤상인 (서울대학교 아시아언어문명학부 교수)

나쓰메 소세키(夏目漱石, 1867~1916)
본명은 나쓰메 긴노스케(夏目金之助). 일본 도쿄에서 8형제 중 막내로 태어났다. 도쿄제국대학 영어영문학과를 졸업하고 1900년 일본 문부성 제1회 국비 유학생으로 선발되어 2년 동안 영국에서 유학 생활을 했다. 귀국 후 도쿄제국대학 강사로 재직하던 중 1905년 문예지에 발표한 『나는 고양이로소이다』가 성공하면서 작가 생활을 시작했다. 이후 아사히 신문사의 전속 작가가 되어 『도련님』, 『산시로』, 『그 후』, 『문』, 『행인』, 『마음』, 『유리문 안에서』 등 일본 근대 문학사에 획을 긋는 많은 작품들을 완성했다. 12년의 창작 기간 동안 장편 소설 열세 편과 다수의 단편을 남기고 1916년 위궤양 악화로 세상을 떠났다.

1 100년의 나쓰메 소세키

100년 후

일본에서 작가 나쓰메 소세키는 여전히 각별한 존재다. 사후 근 1세기에 걸쳐 그에 대한 일본인들의 존경과 지지는 흔들린 적이 없다. 대부분의 일본인이 중·고등학교 시절에 나쓰메 소세키에 대해 배우고 그의 작품을 직접 읽은 경험이 있으며, 『마음』을 비롯해서 『도련님』, 『나는 고양이로소이다』와 같은 소설은 일본 문학사에서 정전 (canon)의 위치에 있다.

'일본 근대 문학의 최고봉'으로서 나쓰메의 명성이 전후 일본의 교육 및 연구의 제도적 장치를 통해 확립되고 공고해진 것은 부정할 수 없지만, 그럼에도 나쓰메가 남긴 문학적 유산이 21세기 일본 문단 곳곳에 영향을 미치고 있다는 사실 역시 눈여겨보아야 한다. 예컨대 어떤 의미에서든 현대 일본의 작가들이 나쓰메의 그늘에 놓여 있음을 알려 주는 증언을 접하는 것은 어렵지 않다.("나쓰메 소세키의 소설은 일본 근대 문학의 선구였음에도 불구하고 처음부터 높은 완성도를 보여 주었을 뿐만 아니라 현재도 전혀 낡은 느낌을 주지 않는다. 이것은 가히 기적이다." 소설가 고바야시 교지(小林恭二)의 말이다.) 일찍이 도스토옙스키가 "우리는 모두 고골의 외투에서 나왔다."라고 한 수사는 나쓰메 소세키와 현대 일본 문학의 관계에도 거의 그대로 적용할 수 있다. 고골이 그랬던 것처럼 나쓰메도 일본 문학계에서 사실주의 문체를 확립한 선구자였기 때문이다. 특히 개인의 내면 심리를 천착한 후기 소설들은 100년 이상이 지난 오늘날에도 생명력을 잃지 않고 있다.

여기서 놓치지 말아야 할 점은 '국민 작가'라는 영예가 단지 그의 미학적 성취에만 한정된 것은 아니라는 사실이다. 많은 일본인들이 계몽사상가 후쿠자와 유키치(福沢諭吉)를 근대화의 스승으로 추앙하듯이, 나쓰메 역시 근대 일본의 정신적 현실을 진단하고 나아가야 할 지표를 제시한 지식인으로 보고 있는 것이다. 나쓰메는 「현대 일본의 개화」(1911) 등의 논설이나 대중 강연을 통해 급격하고 피상적인 근대화의 결과로 일본인들이 서양에 대한 정신적 예속 상태에 놓이게 되었다고 비판했다. 일본 학계는 그의 논설과 강연을 '문명 비평'이라는 층위에서 부각해 왔다. 이 과정에서 서양 문명을 보는 상대적 관점을 바탕으로 시대와 일본 사회를 통찰한 '국민적 지식인'으로서의 나쓰메 소세키에 대한 평가가 정착하게 된다.

어떤 의미에서든 '국민 작가'라는 칭호는 정치적인 이념과 결부된다. 예컨대 민족 공동체의 문화적 정체성, 국가적 신념과 같은 가치를 대변하는 존재로 여겨지는 것이다. 나쓰메 역시 국어 교과서에서 지폐의 초상에 이르기까지 적어도 전후 반세기 이상 표상 정치의 중심에 불려 나왔다.

더군다나 나쓰메 소세키처럼 보수와 진보 진영을 아울러 폭넓은 지지를 얻는 것은 매우 이례적인 경우에 속한다. 예를 들면, 보수적 평론가로 알려진 에토 준, 히라카와 스케히로는 나쓰메의 반(탈)서양 사상에 공명하고, 가라타니 고진, 고모리 요이치[1]와 같은 진보 평론가들은 나쓰메의 반골 기질이나 개인의 자유와 권리를 존중하는 견해에 지지를 보내는 식이다. 이는 나쓰메 소세키 문학의 다의적 특질을 보여 주는 사례로 여길 수 있겠지만, 다른 한편으로는 그의 텍스트가

지닌 정치적 모호성을 들추어내는 것이기도 하다.

전후 일본의 지식 사회는 나쓰메 소세키라는 존재를 통해 일본 근대에 관해 탐구해 왔다. 이념적 지형은 달라도 각자의 방향에서 각자의 방식으로 나쓰메 문학의 행간을 누비며 전개한 해설과 비평들은 이른바 '소세키 신화'의 기초가 되었다. 어느 공동체든 스스로의 형성 과정을 설명하고 정당화할 수 있는 신화를 요구하기 마련이다. 나쓰메의 소설은 근대 이후 일본인들의 정신적 경험을 증언하는 기념비로서 100년간 읽혀 온 것이다.

100년 전

제1회 문부성 국비 유학생으로 근 2년간의 런던 유학 생활을 마치고 도쿄제국대학에서 영문학을 가르치던 나쓰메 긴노스케가 '나쓰메 소세키'라는 필명으로 문예 잡지《호토토기스》에 단편 소설『나는 고양이로소이다』를 발표한 것은 일본 열도가 러일 전쟁의 승리에 들떠 있던 1905년 1월이다. 이때가 그의 나이 만 38세였다. 첫 소설이 예상 밖의 호평을 얻자, 그는 속편을 연재한다. 마치 봇물이 터진 듯이 한 해 동안 단편을 세 편이나 발표했다.

이로부터 2년 후 나쓰메는 도쿄제국대학 교수 자리를 던지고《아사히신문》의 전속 작가가 됨으로써 전업 작가의 길을 걷는다. 이후 1916년 12월 향년 49세로 세상을 뜨기까지 12년 가까운 시간 동안 열세 편의 장편과 수십 편의 단편을 남겼다. 1999년에 완간된 이와나미 쇼텐(岩波書店)판『나쓰메 소세키 전집』은 모두 29권에 이른다.

이 간략한 작가 이력에서 아무래도 이목이 집중될 수밖에 없는 것은 다음 두 가지다. 첫째는 최고 학부의 교수가 소설을 써서 세상에 발표했다는 점, 둘째는 '제국대학 교수'[2]라는 명예로운 직위를 버리고 직업 작가를 택했다는 점이 그것이다. '소설'을 에도 시대 서민적 읽을거리인 '게사쿠(戱作)' 정도로 이해하는 사람이 대다수이던 시대에, 나쓰메는 애써 '남이 가지 않았던 길'로 들어서며 펜 한 자루로 세상과 맞섰다. 왜 그랬을까? 이와 관련해서 나쓰메가 남긴 기술들을 검토해 보면, 그가 대학에서 영문학을 가르치는 것보다 소설 창작에서 의미 있는 삶을 실현할 수 있다고 믿은 것은 분명한 듯하다. 다시 말해서, 지인 다카하마 교시(高濱虛子)의 권유로 첫 소설을 잡지에 발표한 것이야말로 그의 '발심(發心)'[3]의 계기가 되었다고 말할 수 있다.

1906년 10월, 나쓰메는 교토제국대학 교수 부임 제안을 거절하는 편지에서 이미 교단이 아닌 창작을 통해 새롭게 삶의 목표를 구현하고 싶다는 뜻을 밝혔다.

나는 유학을 마치고 돌아오는 배 위에서 스스로 맹서했네. 무슨 일이 있어도 10년 전과 같은 삶은 반복하지 않겠노라고. 지금까지는 나 스스로가 얼마나 위대한지를 시험해 볼 기회가 없었다네. 스스로를 신뢰한 적이 한 번도 없었네. (……) 단지 엄청나게 격변하는 요즈음 세상에서 (나를 위해서, 가족을 위해서가 아니라) 사람들이 얼마만큼 나의 감화를 받고, 내가 얼마만큼 사회적 존재가 되어 다음 세대 청년들의 살과 피가 되어 존속할 수 있을지 부딪쳐 보고 싶다네. (……) 나는 혼자 힘으로 갈 수 있는 데까지 가서, 막다른 곳에서 쓰러지려고 하네.[4]

불과 1년 여 전에 소설 창작에 입문한 나쓰메는 대학 동기에게 보낸 이 편지의 문면에서 문학에 대한 기대와 포부를 다소 비장하면서도 들뜬 어조로 밝혔다. 그리고 창작을 하는 이유에 대해서는 단지 자신만을 위해서가 아니라 "천하를 위해, 천황 폐하를 위해, 사회의 모두를 위해서"라고 부연했다. 이는 "다음 세대 청년들의 살과 피가 되어 존속"하기 위해 펜을 들었다는 발언과 더불어 나쓰메의 창작 입문이 문사(文士) 의식에 기초한, 다분히 공리적인 맥락에서 이루어졌음을 시사한다. 여기서 나쓰메 소세키의 비장한 출사표에 예술과 정치가 모순 없이 공존하고 있음에 주목할 필요가 있다.

유럽이든 비서양 세계든 문학은 국민 통합에 봉사한 전력을 지니지만, 19세기 후반이 되어 국민 국가 건설에 착수한 일본에서도 문학의 발생 과정에 '문학 외적' 요소가 개입되었다. 일본의 근대가 서양 문명의 이식 과정이었다고 한다면, 서양으로부터 도입한 예술 제도로서의 문학 역시 어떤 의미에서든 '문명화'의 일각을 담당했다. 후타바테이 시메이(二葉亭四迷)도, 모리 오가이(森鴎外)도, 그리고 나쓰메 소세키도 막 도입된 서양 학문의 훈도를 받은 지식인이었지만, 이들은 자신들이 보고 배운 서양에 대한 관찰과 이해를 바탕으로 일본의 현실을 투시했고, 비분강개하는 문사로서의 자의식과 더불어 문필 활동을 전개했다.

나쓰메 소세키가 자신이 도쿄제국대학 영어영문학과에 지망하게 된 동기에 대해 "외국어(영어)로 훌륭한 문학 저술을 내서 서양인을 놀라게 하고 싶"었다고 발언한 것도[5] 그 연장선상에 있다고 할 수 있다. "오이쓰키, 오이코세(追い付き, 追い越せ)", 즉 서양을 배워 서양을

극복하자는 것은 후쿠자와 유키치 등 메이지 시대 문명개화론자들의 공통 구호였다.

적어도 나쓰메 스스로의 증언에 의하면 그가 학문으로서의 영문학에 입문할 때에도, 영문학 교수에서 작가로 전신(轉身)할 때에도 그의 발심을 일으킨 최대 동인은 서양에 대한 대항 의식이라고 할 수 있다. 나쓰메는 러일 전쟁 후 발표한 평론「전후 문학계의 추세」(1905. 8)에서 메이지 유신 이후 서양과의 사이에 포탄이 오가는 전쟁은 없었지만 '물질적, 정신적인 면에서의 평화의 전쟁'은 늘 있어 왔다고 적었다. 서양으로부터 수입한 근대 문명을 통해 나라의 독립을 지킬 수 있었지만, 그 대가로서 서양에 의한 정신적인 '침식'을 감수해야 했고, 결과적으로 일본은 '평화의 전쟁'에서 패배했다는 것이다. 그러나 나쓰메가 서양에 대한 정신적 독립이라는 명제와 마주한 것은 이보다 4~5년 전인 영국 유학 시절로 거슬러 올라간다고 보아야 할 것이다.

런던 유학 중 서양 문명에 대한 대결 의식을 심화하던 나쓰메는 하숙집에 틀어박혀 독서와 집필에 매달렸다. 영국 등에서 행해지는 일반적인 문학 연구는 "피로 피를 씻는 것"과 다를 게 없다고 생각한 그가 도달한 방향은 '객관적이고 과학적'인 문학론이었다. 그러나 후일 나쓰메 스스로도 이 글을 "기형아의 송장"이라고 인정했듯이, 그의 '정신적 독립'을 향한 시도는 영문학 연구를 통해서는 성공하지 못했다. 학문이든 창작이든 나쓰메에게는 '평화의 전쟁'의 일환이었고, 그는 비로소 자국어를 통한 창작을 통해 서양에 대한 정신적 자립의 돌파구를 마련할 수 있었다.

창작 생활 7년이 경과한 시점에서 나쓰메는 스스로가 글을 쓰는 위치에 있다는 사실에 큰 의의를 부여했다. 제자 모리타 소헤이에게 쓴 편지에서 "100년 후에는 100명의 박사는 흙으로 변하고, 1000명의 교수도 진흙으로 바뀐다."라고 적어 교수직을 버린 스스로의 선택을 정당화함과 동시에, "나는 나의 글을 통해 백대까지 (내 이름이) 전해지기를 바라는 야심가일세."라는 거창한 포부까지 밝혔다.[6]

1911년에 행한 강연에서 나쓰메는 일본 근대화의 성격을 '외발적'이라고 규정했다.[7] 그렇기 때문에 일본인들에게 부여된 당면 과제는 각자의 개성과 자아를 확립하는 진정한 개인주의를 체득하는 것이라고 설파했다. 그러나 한편으로 보면, 나쓰메의 문학에 대한 발심역시 '외발적'이라는 자기모순을 내포한다. 나쓰메 소세키는 영문학과 서양 문명과의 만남을 통해 일본인으로서의 자기 인식을 강화해나갔다. 아울러 타자로서의 서양을 경유하는 과정에서 개인주의, 자기 본위의 사상을 체득했고, 이윽고 소설가로서 자립의 길을 걸었다. 일본이 서양이라는 외부의 자극을 통해 근대화의 길에 들어선 것과 동일한 맥락이라고 할 수 있다. 우리는 이와 같은 나쓰메 소세키의 경우를 통해서 동아시아에서의 문학의 운명에 대해 다시금 생각해 볼 기회를 가질 수 있다.

2 『마음』에 대해

'고귀한 일본인'의 탄생 —— 근대 일본과 정신주의

나쓰메는 작가로서 활동한 10여 년 동안, 실로 다양한 문학 형식과 문체에 도전했다. 그는 맨 먼저 서구로부터 수입한 '소설'에 에도 시대의 전통적 서사 양식(예를 들면, 라쿠고(落語) 등)을 가미한 『나는 고양이로소이다』나 『도련님』과 같은 해학과 풍자의 미학이 돋보이는 작품을 썼고, 이어 「런던 탑」, 「해로행(薤露行)」, 「꿈 열흘 밤(夢十夜)」과 같은 몽환적인 세계를 그린 낭만적 단편 소설도 발표했다. 적어도 초기에서 중기에 이르는 시기에 쓴 소설들은 이념적으로는 (서양에 대한) 저항의 표현이었고, 예술적으로는 실험이었다. 그는 스스로 가파른 경계에 서서 새로운 세계의 가능성을 타진했다. 서양의 근대 소설과 일본(동양)의 문학적 전통 사이의 완충 공간을 자신만의 표현 영역으로 만들었고, 온전한 의미에서 문학이라고도 문학이 아니라고도 규정할 수 없는 생소한 표현 세계를 즐기듯이 만들어 나갔다. 그러나 창작가로서의 나쓰메의 본령은 개인의 어두운 내면에 초점을 맞춘 후기의 심리 소설로 보는 것이 타당할 것이다.

나쓰메 후기 소설의 가장 두드러진 특징 중 하나는 남녀 간의 삼각관계가 자주 등장한다는 점이다. 한 사람의 여자를 둘러싸고 가까운 관계의 두 남자가 얽혀 드는 구도이다. 그렇다고 해서 격렬한 욕망과 질투가 불꽃을 일으키는 이야기와는 거리가 멀다. 오히려 본능적 욕망과 사회적, 개인적 윤리 사이에서 고뇌하는 인물들의 내면의 드라마에 가깝다. 실제로 나쓰메의 후기 소설에 그려지는 삼각관계에는 온전한 의미에서 사랑도 연애도 희박할 따름이다. 소설의 주제는 성취한 사랑의 '대가'로서 상대방에 대한 죄책감에 시달리거나 에고이즘과 윤리 의식 사이에서 번민하는 주인공의 내적 갈등에 초점이 맞추어져 있다.

인간의 에고(Ego)와 원죄 의식이라는 주제는 나쓰메 후기 소설의 큰 줄기를 이룬다. 이 주제와 더불어 나쓰메 소설은 금욕적 정신주의를 심화해 나간다. 젊은 시절에 친구를 배반하고 여자를 가로챘다는 죄책감으로 고독한 삶을 영위하던 중년의 지식인이 장문의 유서를 남기고 자살하는 『마음』은 정신주의의 극단을 보여 주는 작품이다.

이 소설은 상, 중, 하의 3부 구성으로 되어 있다. 즉, '상 - 선생님과 나', '중 - 부모님과 나', '하 - 선생님과 유서'이거니와, '상', '중'은 '나'의 수기 형식으로 되어 있고, 전체 분량의 반 이상을 차지하는 '하'는 선생의 유서를 그대로 소개하는 형식을 취한다.

줄거리는 다음과 같다. 화자인 '나'는 가마쿠라의 해수욕장에서 '선생'을 처음 만난다. 당시 서양인과 함께였던 선생에게 막연한 호기심을 가지게 된 '나'는 도쿄에 돌아와서 자주 선생 댁을 찾게 된다. 선생은 이렇다 할 직업도 없이, 사교도 멀리하며, 아름다운 아내와 둘만의 단출한 삶을 꾸리고 있다.

단지 특이한 점은 매달 정해진 날짜에 도쿄의 조시가야 묘지에 성묘를 간다는 것이다. 누구의 묘인지 물어도 그냥 '친구의 무덤'이라고만 대답한다. 선생이 때마침 외출했을 때 '나'는 부인으로부터 세상과 담을 쌓고 사는 지금의 선생이 "학생이었을 때는 이런 성격이 아니었다."라는 이야기를 듣는다. 그렇지만 선생의 부인도 그 이유에 대해서는 모른다고 한다. 그래도 선생이 이렇게 바뀐 배경으로 뭔가 짚이는 구석이 없는지 묻자, 부인은 선생의 대학 시절에 친한 친구가 죽은 사실이 있는데, 관련이 있는지는 잘 모르겠다고 답한다. '나'는 선생의 과거가 궁금해져 넌지시 선생에게 물어보지만 선생은 "때가 되면 다 이야기하겠"노라고 즉답을 회피한다.

대학 졸업과 함께 고향에 돌아가자 병상에 누워 있던 아버지는 생각보다 건강해진 상태였는데, 메이지 천황의 사망 소식을 접하고는 병세가 갑작스레 악화한다. 이윽고 위독한 상태가 되어 친척, 친지들에게 연락을 취해야 하는 와중에 선생으로부터 두툼한 편지가 배달된다. 편지에는 자살을 암시하는 문장이 들어 있었고, '나'는 서둘러 열차를 타고 기차 안에서 선생의 편지를 읽는다.

선생의 편지는 유서였다. 그리고 선생의 과거가 소상히 적혀 있었다. 스무 살도 안 되어 부모와 사별한 선생은 후견인으로 믿었던 작은아버지에게 부모의 유산을 빼앗기고 인간을 불신하게 되었다. 이후 선생은 홀로 도쿄의 주택가에 하숙을 잡았다. 하숙집 주인은 전사한 남편 사이에서 낳은 외동딸과 살고 있었는데, 선생은 딸('아가씨')에게 막연한 감정을 갖게 된다. 그 무렵 같은 고향 출신이면서 대학의 동급생인 친구 K의 처지를 딱하게 여겨 선생의 하숙으로 들어오게 한다. K는 의학을 공부하라는 집안의 뜻에 반해 문과를 선택했다는 이유로 경제적 지원이 끊겼던 것이다. 하숙집에 입주한 K는 점차 아가씨와 친해졌고, 선생은 이에 질투심을 느낀다.

어느 날 K에게서 아가씨를 사랑하고 있다는 고백을 들은 선생은 본능적으로 K의 연심을 포기시키고자 "정신적으로 향상심이 없는 인간은 쓰레기다."라고 내뱉는다. 그러고는 하숙집 주인인 '미망인'에게 따로 찾아가 아가씨와의 결혼 약속을 받아 낸다. 이것을 알게 된 K는 그날 밤 자살을 한다. 선생에게 보내는 유서에는 원망 섞인 말 대신 "의지와 실천력이 박약해서 도저히 살아갈 희망이 없다."라고 적혀 있었고 선생이 베풀어 준 후의에 감사를 표하는 내용이 들어 있었다.

그 후 아가씨와 결혼한 선생은 K의 자살 원인에 대해 아내에게는 함구한 채, 심한 죄의식을 느끼며 살아가게 된다. 즉 선생의 결혼 생활은 죽은 것처럼 살아갈 수밖에 없다는 결심과 함께 시작되었다. 그리고 메이지 천황의 병사 소식과 노기 마레스케(乃木希典) 육군 대장의 할복 자결 보도를 접하고는 '메이지 정신에 순사(殉死)한다'라는 생각으로 자살을 결심한다. 편지의 마지막 문구는 "내가 죽은 다음에라도 아내가 살아 있는 이상은 자네에게만 고백한 나의 비밀로서 가슴 깊숙이 묻어 두게나."라고 맺어 있었다.

『마음』은 탐정 소설의 기법이 가미된 심리 소설이다. 화자인 '나'가 '선생'에게 접근하고 종국에는 선생이 스스로 자신이 껴안고 있던 어둠의 근원을 유서로 밝히면서 이야기를 맺는다. 이 소설은 삼각관계를 다뤘으나 결코 연애 소설은 아니다. 연애 감정은 통속적 욕망으로 간주된다.

『마음』은 나쓰메의 소설 중 가장 많이 읽히는 작품이다. 아마존 재팬에 올라온 독자 리뷰 건수는 『나는 고양이로소이다』나 『도련님』보다도 『마음』이 훨씬 많다.[8] 리뷰 중에는 물론 청년층이 쓴 것으로 여겨지는 것이 자주 눈에 들어온다. 그러나 "마음에 남는 작품", "굴절과 고뇌", "역시 '마음'에 관한 책", "인생의 아이러니라고 할 비극", "소세키가 본 것" 등의 리뷰 제목이 드러내듯, 국어 교과목 감상문에서 자주 볼 수 있는 규범적인 감상이 대부분이다. 『도련님』에 관한 리뷰에서 보이는 다채롭고 자유분방한 감상과는 대조적이다. 『도련님』의 경우는 그야말로 '좋은 소설을 읽었다'고 하는 독서의 감동을 생생하게 증언하는 리뷰이다. 그에 반해『마음』에 대한 리뷰는 유명하고 가치 있는 '교양'을 읽은 자로서의 깨달음이나 교훈을 전하려는 느낌이 강하다.

독자 감상을 통해서도 알 수 있듯이『마음』은 무겁고 어두운 작품이다. 역사적, 사상적 맥락에서 보면 이 소설은 그의 다른 어느 소설보다도 '낡은' 느낌을 준다. 여기서 말하는 '낡다'라는 가치 판단은 물론 상대적인 것이지만, 적어도『마음』은 나쓰메의 다른 작품에 비해 복고적 색채가 뚜렷하다. 더군다나 이 소설을 전후해 이른바 '다이쇼 데모크라시'의 개막을 알리는 미노베 다쓰키치(美濃部達吉)의 천황기관설(『헌법강화』, 1912), 요시노 사쿠조의 민주주의론(「헌정의 본의를 설명하여 유종의 미를 거두는 길을 논한다」, 1916)이 발표된 시대 분위기에 비춰 보아도 그러하다. 여기서 사용한 '낡다'라는 말의 의미는 '구습에 가까운, 전통을 중시하는'이라는 것에서부터 '시대착오적'이라는 맥락까지 포함한다. 예를 들어 봉건적 군신 관계를 상징하는 '순사(殉死)'는 1910년대에 이미 사어(死語)가 되었지만, 작가는 소설 속에서 이 먼지를 흠뻑 뒤집어쓴 단어에 역사적, 정치적 의미를 새롭게 부여하고 있다. 이 소설 속의 죽음들은 모두가 충군애국의 이념이나 명예를 지키기 위한 자기희생의 윤리적 체현에 다름 아니다.

『그 후』 등에서 그려진 반사회적인 표현도 개인주의에 대한 언설도 이 작품 속에서 희미해진다. 그 대신 전통 지향적이고 보수적인 세계관이 자리를 차지한다. 예를 들어 메이지 천황의 죽음에 즈음한 노기 마레스케의 순사나 '선생'의 죽음은 분명히 무사도(武士道) 윤리라는 문맥에서의 독해를 요구하고, 천황과 '선생', 부친의 계속되는 죽음은 독자에게 군사부(君師父)일체라는 유교 이념을 상기시킨다. 천황제를 정점으로 하는 부권적 질서는 이 작품의 서사 구조 속에 자연스럽게 녹아 있다. 아울러 이 소설은 '국가'와 '국민'을 환기하는 언설이 다수 내포된 작품이기도 하다. 실제로『마음』에 등장하는 '메이지의 정신'이나, 가족과 고향에 대한 애착 등의 표현은 '정신 공동체'로서의 일본을 상상하게 한다.

　『마음』은 삼각관계 구도를 가진 나쓰메의 여러 소설 가운데 과도할 정도로 금욕적인 세계를 보여 준다. 소설의 반 정도를 차지하고 있는 '선생의 유서'에서 '선생'의 무겁고 어두운 고백은 이 작품의 분위기를 지배한다.

　　K는 예전부터 정진이라는 말을 좋아했습니다. 저는 그 단어 속에 금욕이라는 의미도 포함되어 있다고 해석하였습니다. 그러나 후에 실제 들어 보니 그보다 더 엄중한 의미가 포함되어 있어 저는 놀랐습니다. 정도(道)를 위해서는 모든 것을 희생해야 한다고 하는 것이 그의 가장 큰 신조이기 때문에 섭욕이나 금욕은 물론이거니와 욕망이 없는 사랑이라고 해도 그것에 방해가 된다는 겁니다.

　정도(道)/욕망(사랑)으로 획연히 이분화된 인식 세계에 살고 있던 K는 현실의 고통을 정신의 수행에 의해 극복하려 하는 구도자(求道者)적 인물로 묘사된다. 따라서 K의 자살은 스스로 금욕적인 '신조'를 관철하기 위해 선택한 정신주의의 극단적 실천이라고 할 수 있을 것이다. 그런데『마음』속의 정신주의는 K 한 사람에게서만 나타나는

것이 아니다. K의 친구인 '선생' 자신도 K에 못지않은 금욕주의자이
고 K가 죽은 후 죽은 친구를 좇아 정신주의를 심화해 가기 때문이다.

나는 원래 인간으로서 육체를 떠날 수 없는 신체였습니다. 그렇지만 여자
들을 보는 나의 눈과 여자들을 생각하는 나의 마음은 완전히 육체의 냄새
를 풍기지 않았습니다.

나는 그 사람에 대해 거의 신앙에 가까운 사랑을 갖고 있었던 것입니다.
나는 지금도 굳게 믿고 있습니다. 진정한 사랑은 종교심과 그리 다른 것이
아니라는 것을 굳게 믿고 있습니다.

"완전히 육체의 냄새를 풍기지" 않은 사랑, "종교심"에 가까운 사
랑에 대해 말하는 '선생'에게 있어 육체는 욕망이 깃드는 것을 허용하
지 않는, 단지 정신의 그릇으로서 존재할 뿐이다.
  정신(혼)과 육체의 이원론적 구조는 이 소설 첫 부분에 이미 나와
있다. '나'가 가마쿠라의 해변가에서 처음 '선생'의 존재를 알게 된 것
은 "선생이 혼자서 서양인을 데리고 있었기 때문"인데, 데려온 서양
인이 "달랑 팬티 하나 외에 아무것도 입고 있지 않"고 "아름다운 하얀
피부"를 사람들 앞에 드러내고 있었기 때문이다. 육체를 노출한 서양
인의 "생경한" 모습은 "몸통과 팔뚝이나 허벅지를 내놓지 않"고 "몸을
꽁꽁 감춘 듯"한 '선생'을 포함한 일반 해수욕객들의 모습과 극명한
대조를 이루고 있다. 이것은 '선생의 유서'에 전개되는 유교적, 혹은
무사도적 정신세계를 드러내기 위해 사용된 복선이라 생각할 수 있

다. 결국 서양인과 '선생'의 대조적인 모습은 육체와 정신이라는 이원론, 나아가 서양의 물질문명과 일본의 정신문화라는 화혼양재적 문화 이데올로기를 부각한다.

『마음』에서 정신주의의 근간을 이루고 있는 것은 무사도 윤리다. 실제 노기 마레스케와 K, 그리고 '선생'의 죽음은 무사도 윤리의 체현으로서의 자살이라는 맥락으로 수렴된다. 나쓰메는 "무사도가 퇴폐하여 배금도가 되고 말았다."라고 하기도 하였는데, 이는 그 자신도 무사도를 서양 문명에 대항할 수 있는 일본 고유의 정신 윤리로서 인식하고 있었다는 것을 보여 준다. 러일 전쟁에서의 승리에 고무된 나쓰메 소세키는 「전후 문학계의 추세」라는 대담에서 "결국 지금까지 고군분투하며 말해 온 일본 혼은 실로 자신감의 자각을 통해 나온 커다란 외침으로 변화해 왔다. (……) 넬슨도 훌륭할지 모르지만, 우리 도고 대장은 그 이상이라는 자신이 생긴다."라고 하여, 후에 '자기 본위' 사상의 단서가 되는 발언을 하기도 하였는데, 여기에서도 '일본인의 특성'으로서 무사도를 들고 있다.

일본인은 원래 무사혼이라는 투지를 갖고 있다고는 하지만 서양인에게 뒤져 있는 것은 사실이다. 그러나 뒤쳐져 있으면서도 이 정신(혼)은 아직까지 유지되고 있다. 그렇기 때문에 일본인의 특성으로서 계속 긍지로 삼을 수 있는 무사혼이 뒤쳐진 와중에도 근근이 유지될 수 있었다. 이러할 때에 문학 등에서도 세상을 놀라게 하고 사람들을 경탄시킬 만한 뛰어난 것이 나올 도리밖에는 없다.

여기서 파악할 수 있는 것은 무사도가 서양 문명의 대립 항으로서 호출되고 있다는 사실이다. 이 점은 러일 전쟁 후, 노기 마레스케에 대한 일련의 언급에서도 엿볼 수 있다. 예를 들어 1906년 2월 6일 노무라 덴시(野村伝四)에게 보낸 편지에는 "내 친구 서양인이 노기 장군의 전기를 쓴다고 하는데 요시다 쇼인(吉田松蔭)의 저서를 알고 싶다고 합니다. 당신이 다른 누구에게 물어보든가 아니면 잠시 도서관에서 찾아봐 주지 않겠습니까."라고 적혀 있다. 편지 속의 '서양인'이 누구인지는 알 수 없지만 러일 전쟁 직후 당시 서양인들 사이에서도 노기 마레스케의 존재가 관심의 대상이었다는 것을 나쓰메가 잘 인식하고 있었음을 나타낸다. 『한눈팔기』에 나오는, "개인으로서의 노기 장군은 의협심 강하고 정이 두터운, 실로 위대한 사람입니다."라는 대사를 보아도 무사도의 실천자로서 노기 마레스케를 높이 평가하고 있음을 알 수 있다. 『마음』 연재 직전, 제일고등학교에서 열린 「모방과 독립」이라는 강연에서도 노기의 순사를 기리는 발언을 했다.

방식, 말투, 행동 등이 동정할 만하고 경복하기에 마땅하고 훌륭하다고 생각된다면 성공이다. 십자가라도 성공이다. 노기 장군이 죽었고 죽는 행위를 보고 감명을 받는다면 죽은 결과가 나빴다고 해도, 성공하지 못한 채 끝났다고 해도 행위 자체에 감동한다면 성공이라는 말이다. 다시 말해 인디펜던트(독립)는 좋다. 그러나 깊은 배경 없이는 성공하지 못하는 것이다.

강연 내용은 서양의 모방이 아니라 독립한 일본적 가치의 발양을 호소하는 것이다. 다시 말해 '러일 전쟁은 오리지널(진짜)'로 '군인은 거기서 인디펜던트(독립)를 증명했기' 때문에 예술도 '독립'할 시기가 왔다고 설파한 것이다. 그리고 노기 마레스케의 순사를 예로 들면서 어떤 행위가 "동정할 만하고 경복하기에 마땅하고 훌륭하다고 생각된다면" 성공이고, '독립'이 될 수 있다고 말했다. 이는 바꿔 말하면 나쓰메가 노기의 순사에 "감명을 받"았고 게다가 그 무사도 정신의 체현에서 탈서양의 가능성을 보고 있었음을 의미하는 것이리라.

어떤 작품이 국민적 텍스트가 되기 위해서는 내적으로는 자민족의 문화적 정체성을 제시하고 외적으로는 자국의 정신문화적 가치를 과시할 수 있는 것이 요구된다. 메이지 시대 이후, 무사도 윤리에 통하는 정신주의는 국민 도덕의 근간이 되었다. 가라사와 도미타로(唐沢富太郎)의 『교과서의 역사』에 의하면, 『심상소학독본(尋常小学読本)』의 편찬 방침으로 "일관되어 있는 것은 서양 문명에 대한 일본 문화나 정신의 우월성 주장"이다. 곧 "서양의 물질문명에 대한 일본 정신문화의 우위"를 나타내는 것에 주안을 둔 것이다.

『마음』이라는 텍스트는 죄의식으로 괴로워하는 '개인의 마음'과 메이지 시대를 살아온 '신민의 마음'이라는 두 가지 차원에서의 '마음'의 이야기가 중첩되어 중층 구조를 이루고 있다. 지금까지 메이지의 종언과 함께 선생이 자살하는 것은 아무래도 '부자연'스럽다는 견해가 주류를 이루어 왔는데, 그것은 이러한 중층성이 초래한 결과일 것이다. 이 중층성은 이 텍스트가 지닌 정치적 모호함의 근원을 이루기도 한다.

『마음』은 단지 읽는 것이 아니라 '가르치는' 텍스트이기도 하다. 1910년부터 사용된 제2기 국정 『심상소학독본』은 이노우에 데쓰지로

나쓰메 소세키와 일본의 근대

(井上哲次郎)나 하가 야이치(芳賀矢一) 등이 편찬한 것인데 그 '편찬 취지서'를 보면 "이것을 일관하는 것은 충군애국의 정신을 갖고 쾌활·근면·충성으로 직무를 다해야 하는 국민의 견실한 기풍을 양성하는 것이 본서 편찬의 주안점이다."라고 기록되어 있다. 전후 교육 이념은 메이지 시대의 그것과는 달라졌지만 국가가 필요로 하는 '견실한' 국민을 창출한다는 대전제는 변함이 없다. 국가와 국민을 상상하여 정신주의 윤리를 내세우는『마음』도 여러 교육 현장에서 '견실한' 국민을 양성하기 위한 수신서로서 꾸준히 읽혀 왔다.

'정진', '자활', '맹진', '금욕', '도의', '향상심', 이들은 '선생의 유서' 속에서 K의 성격을 묘사하는 데 사용된 말인데 근대화 속에서 일본 사회가 당대의 청년과 청소년들에게 요구하던 정신 윤리의 덕목과도 일치한다. 또한 이러한 정신적 고결함을 지향한 것은 '선생' 자신도 예외는 아니다. "대저 책의 이야기와 학문의 이야기, 미래의 사업과 포부와 수양을 화제로 해 온" 두 사람은 상승 지향의 기개로 고양되어 있던 메이지라는 시대를 상징하는 역할을 하고 있다.

나쓰메의 자기 본위 사상이 전후 일본 국민의 이데올로기적 통합에 기여했을 것이라는 추측에는 충분한 근거가 있다. 나쓰메를 비롯한 근대 일본의 지식인들은 일본/서양의 이원론적 구도에서 세계를 파악했다. 서양 문물의 압도적 영향 아래 놓인 근대 일본이 나아가야 할 방향으로 자기 본위를 주창했던 나쓰메에게 '서양'은 영국 등 서유럽을 의미했다. 그리고 패전과 함께 미국에 의한 점령 통치기를 거친 전후의 일본인에게 미국이 곧 '서양'이 되었다. 즉 전후에도 자기 본위는 일본인에게 절실히 필요한 규범적 가치였고,『마음』에 투영된 금욕적 정신주의는 국민적 도덕으로 결정(結晶)될 수 있었다. 친구의 자살에 대한 죄의식으로 번민하며 스스로 절대 고독의 감옥에 갇혀 살아오다 스스로의 윤리적 판단에 의해 극단적인 '자기희생'의 방식으로 생을 마감한 '선생'은 '고귀한 일본인'을 표상하는 존재임과 동시에, '바람직한' 국민으로서의 품성을 함양하는 수신(修身) 교사이기도 한 것이다.

죽음의 정치 — '신민의 마음'

『마음』은 죽음에 관한 이야기다. 독자는 이야기 전개에 따라 다섯의 죽음과 대면하게 된다. 시간 순서대로 나열해 보면 천황의 병사(病死), 노기 대장의 자살(순사), '선생'의 자살, 그리고 부친의 병사이고, 먼 과거로 거슬러 올라가면 K의 자살이 있다. 그런데 이 중 천황의 경우를 제외하고는 모두 자신의 의지로 죽음을 선택하고 있다는 것에 주목하지 않으면 안 된다.(중환을 앓는 부친은 엄밀하게는 병사에 해당하지만 앞에서 말한 것처럼 천황이나 노기의 부고를 접하면서 죽음에 대한 강한 집착을 보이는 것을 상기할 필요가 있다.) 노기 대장의 경우 충군애국의 실천을 위해 순사하는 것이고 '선생'은 죄의식 끝에 자살한다. 한편 부친은 병사이다. 그런데 이 세 사람의 죽음은 각각 정도의 차이는 있을지언정 죽음이라는 물리적 현상에 역사와 국가에 대한 관념이 개입하고 있다는 점에서 일치한다. 메이지 천황의 죽음은 적어도 이 소설 속의 등장인물들에게는 신민 의식뿐만 아니라 국가와 시대에 대한 일체감을 균질하게 조성한다. 아울러 천황의 죽음은 '메이지의 정신'이라는 국가적 이념으로 표상된다.

나쓰메 소세키와 일본의 근대

그러던 중 한여름에 메이지 천황이 서거했습니다. 그때 나는 메이지의 정신은 천황으로 시작되어 천황으로 끝났다는 생각이 들었습니다. 메이지의 영향을 가장 많이 받은 우리 세대가 그가 없는 이 세상에 살아 있다는 것이 부끄럽게 생각되기도 했습니다. (······) 나는 순사라는 말을 거의 잊고 있었습니다. 평소에 그다지 쓸 일이 없는 말이라서 기억이라는 창고 속에서 그저 썩고 있었다고나 할까요. 아내의 농담을 듣고서야 비로소 그 말이 생각났을 때 나는 아내에게 만일 내가 순사한다면 그것은 메이지의 정신에 순사하는 것이 될 것이라고 대답했습니다. 내 대답도 물론 농담에 불과했지만 나는 그때 왠지 거의 쓸모가 없던 그 말에 새로운 의의를 부여할 수 있을 것 같은 예감이 들었습니다.

'선생'의 이러한 언설이 1867년 메이지 유신 직전에 태어나 메이지 시대와 함께 살아온 작가 나쓰메 소세키의 시대 인식을 드러내는 것임은 충분히 짐작할 수 있다. 특히 '선생'의 유서에 나오는 '메이지의 정신'이라는 표현은 메이지 천황과 메이지 시대에 대한 작가 나쓰메의 애착과 일체감을 반영하는 것으로 보아도 무방할 것이다.[9]

이상에서 말한 것처럼, 죽음은 국가와 개인을 일체화하는 특권적인 모티프로서 작품 세계에 편재해 있다. 노기 대장을 따라 순사하고 싶다는 부친, "폐하의 병과 부친의 병을 연장선상에서 생각"하는 모친뿐만 아니라, 메이지 천황과 노기 대장의 뒤를 이어 죽음을 선택하는 '선생'에게서 죽음은 정치화되어 있다. 주군에 대한 충성을 다하기 위해 순사한 노기의 경우는 차치하고서라도 시골의 범부로 살아온 부친, 그리고 사회로부터 고립해 생활하던 '선생'조차도 모두 동일한 (메이지에 대한) 시대 인식을 갖고 있는 것이다. 이 세 사람을 하나로 묶는 것은 메이지 천황의 죽음이다. 그리고 그들은 죽음을 통해 시대와 국가에 참여하는 개인들이기도 하다. 천황의 병상이나 붕어를 알리는 신문 기사에서 눈을 떼지 못하는 '나', 그리고 나의 부모와 '선생'은 사회적 지위나 교양, 성별이나 세대가 다르지만 국가와 시대에 대한 귀속 의식을 가진 공동체의 일원이라는 '신민 의식'을 공유하고 있다. 결국 걱정하는 표정으로 신문에서 눈을 떼지 못하는 각 개인의 '마음' 속에 바로 국가가 존재하는 것이다.

『마음』의 '선생의 유서'에 나오는 메이지 천황의 붕어와 노기 대장의 순사에 대한 기술은 과거 역사에 대한 집단적 기억의 저장고로서 기능한다. 다시 말해서, 과거 역사에 대한 향수를 불러일으킴에 따라 이를 읽는 사람들을 '국민'으로 사회화하는 문학 표현으로서 계속 읽힐 수 있는 것이다.

메이지 시대의 문명개화를 겉핥기식 근대화로 규정한 나쓰메가 메이지 천황의 사망 후 발표한 장편 소설 『마음』(1915)에서 주인공 '선생'의 유서를 통해 메이지 시대에 대한 강한 일체감을 표명한 것은 주목해야 할 부분이다. 왜냐하면 사회와 시대로부터 격리된 삶을 살아온 나쓰메로서는 돌연하게 역사적 주체로의 변신을 수행하는 것이기 때문이다.

'메이지의 정신'이라는 어구는 천황제와 메이지 시대에 대한 나쓰메의 정치적 인식을 보여 주는 중요한 단서가 될 수 있다. '메이지의 정신'이라는 어구가 천황의 죽음에서 비롯되고 있는 만큼, 메이지 천황의 죽음과 이에 따른 노기 대장의 순사는 이 부분에 대한 해석

나쓰메 소세키와 일본의 근대

요소로서 가장 중요시되어야 함은 당연하다.

나는 호외를 손에 들고 무의식중에 아내에게 순사야, 순사라고 말했습니다. 나는 신문에서 노기 대장이 죽기 전에 써 둔 것을 읽었습니다. 서남 전쟁 때 적에게 깃발을 뺏긴 이후 죄송해서 죽으려고 맘먹었는데 그만 오늘까지 살고 있었다는 구절을 보았을 때 나도 모르게 손을 꼽아 가며 노기 대장이 죽을 각오를 하면서 살아온 세월을 계산해 봤습니다. 서남 전쟁은 메이지 10년이니까 메이지 45년까지는 35년의 거리가 있습니다. 노기 대장은 이 35년 동안 죽으려고 생각하며 죽을 기회를 기다렸던 듯합니다. 나는 그런 사람에게 있어서 살아 있었던 35년이 고통스러운지, 또는 칼을 배에 찌른 찰나가 고통스러운지, 어느 쪽이 고통스러울지 생각했습니다. 그러고 나서 2, 3일 후 나는 드디어 자살할 결심을 했습니다.[10]

이 소설 서사 구조 내부의 논리에 의하면, '선생'의 자살은 친구를 배반한 과거 때문에 '죽은 것처럼 살아온' 중년 남자의 윤리 의식의 소산이며, 따라서 지극히 개인적인 동기에 의한 죽음이라 할 수 있다. 그러나 여기에서 작가는 '선생'의 죽음을 개인의 사적 영역으로 수렴하는 것을 거부한다. "내가 순사한다면 그것은 메이지의 정신에 순사하는 것"이라는 '선생'의 발언은 개인의 자살을 '순사'라고 하는 공적 죽음으로 치환할 가능성을 내포한다. 더군다나 '선생'의 자살 결심이 노기 대장의 순사 직후에 이루어졌다는 점을 감안한다면 노기 대장과 '선생'의 '의지적'인 죽음이 메이지 천황의 서거에 연쇄되어 있음을 부정할 수 없다.

나쓰메는 천황의 사후 발표한 「메이지 천황 봉도사(明治天皇奉悼之辭)」에서 "과거 45년간에 발전한 가장 빛나는 우리 제국의 역사와 함께하신 잊을 수 없는 대행(大行) 천황께서 지난 30일 붕어하시다.[11]"라고 적은 바 있다. 이러한 메이지 천황의 치세에 대한 나쓰메의 칭송을 당시의 정치적 상황에서 불가피하게 비자발적으로 표명된 의례적 언설로 애써 의미를 축소하려는 대다수 일본인 연구자들의 견해에 동의하기 어렵다. 오히려 나쓰메는 메이지 천황의 죽음을 계기로 신민(국민)으로서의 자각과 국가와 시대에 대한 귀속 의식을 보다 강화했다고 여겨지기 때문이다.

근대 일본의 정신사를 논할 때, 서양화(구화)와 일본 회귀의 주기가 반복된다는 설명을 자주 접하게 된다. 일본 회귀 논리의 핵심을 구성하는 것은 아마도 '화혼양재' 이데올로기일 것이다. '화혼' 즉 일본 정신의 구현은 일본 근대 문학에 부여된 중요한 과제였다. 위에서 살펴본 바와 같이 소설 『마음』 속에서 극단적인 정신주의와 함께 표현된 개인의 '마음'은 언제든지 마음의 집합체로서의 '화혼'과 같은 이데올로기적 실체로 치환될 수 있다.

3 21세기 동아시아에서 읽는 나쓰메 소세키

예컨대, 서양인이 자기 나라의 시에 대해 훌륭한 시라든가, 표현이 매우 매끄럽다든가라고 한들 그것은 그 서양인이 보는 관점에 지나지 않습니다. 전혀 참고가 안 된다고는 할 수 없지만, 내가 그렇게 느끼지 못한다면 도저히 떼다가 팔지 않아야 합니다. 내가 자립한 한 사람의 일본인이고 결코 영국인의 노예가 아닌 이상 이 정도의 견식은 국민의 일원으로서 갖추지 않으면 안 됩니다. (……) 나는 자기 본위라고 하는 말을 확보한 이후 스스로 강해졌습니다.

그러나 나는 영문학을 전공합니다. 영국 본토의 비평가가 말하는 바와 내 생각이 상이할 때는 아무래도 조심스러워지기 쉽습니다. 풍속, 인정, 습관, 나아가 국민의 성격까지가 모두 이러한 관점의 차이를 낳는 원인을 이루고 있음에 틀림없습니다. 일반적으로 학자들은 문학과 과학을 혼동하여 갑의 국민이 좋다고 생각하는 것은 반드시 을의 국민의 높은 평가를 받게 되어 있다는 필연성이 포함되어 있다고 오인하고 있습니다. 그 점이 잘못되었다고 말하지 않으면 안 됩니다.(「나의 개인주의」)

나쓰메 소세키는 자기 정체성 확립의 과제를 일본과 서양 문명과의 관계에서 성찰한 문학자이다. 국비 유학생으로 영국 런던에서 체재한 2년 남짓의 기간 중에 서구 근대 문명의 모순을 들여다보며 체득한 상대적 시각은 '자기 본위'의 사상으로 결집되었다. 나쓰메는 1914년 가쿠슈인 대학 강연에서 일본과 서양을 '자기 본위'의 시각에서 바라볼 것을 주문했거니와, 여기서 말하는 자기 본위란 서양 문명에 대한 수동적인 입장에서 탈피하여 서양을 상대화할 수 있는 능동적이면서 자립적인 사고를 의미한다.

나쓰메가 위의 인용문에서 전개한 논지는 충분한 설득력을 지닌다. 언어나 문화적 토대도 다른 데다 역사적 경험을 달리하는 일본인이 왜 영국인들이 숭상하는 고전의 해석 공동체의 일원이 되어야 하는가라는 반문은 정당하다. 이는 비슷한 시기에 유럽에 유학했던 모리 오가이나 하가 야이치 같은 동시대 지식인들에게서도 찾아볼 수 없는 식견이다.

'자기 본위'라는 말을 처음 사용한 사람은 나쓰메 소세키다. 나쓰메의 자기 본위는 밖으로부터의 사고에서 추출된 개념이다. 외부로서의 자기 정체성에 대한 철저한 인식을 통해 종속이 아닌, 자립의 가능성을 모색했다. 실제로 그는 일본인 문학자로서 실천 가능한 '자기 본위'의 문학을 구현하고자 노력했다. 나쓰메가 초기에 발표한 작품에는 서양 근대 문학의 예술적 규범과 거리를 둔 것이 많다. 다시 말하면 그러한 작품들에는 일본 혹은 동양의 전통적인 예술적 가치나 정신세계를 접목시키려 한 흔적이 짙게 배어 있다.

나쓰메는 영문학도였지만, 영문학 연구의 규범과 체계 속에 편입되는 것에 저항했다. 다시 말해서 그는 서양 문화의 전달자, 대행자로서의 길을 스스로 거부했다. 대신 서양 문명을 '외부'로 규정하고 영문학을 '손님'으로 호명하면서, 그 스스로 일본인으로서의 주체를 회복하기 위해 힘겨운 싸움을 전개했다. 그리고 나쓰메가 서양을 상대로 구축한 전선에서 파생되는 긴장은 그의 창작의 에너지가 되었다.

나쓰메 소세키는 소설 『태풍』(1907)에서 주인공 도야 선생의 입을 빌려 다음과 같이 말했다.

아무렇지도 않게 영국적인 것을 떠벌리는 위인이 있다. 한심한 일이다. 자기 자신에게 이상이 없다는 것을 폭로하고 있는 것이다. (……) 노예의 두뇌에 웅대한 이상이 생길 리가 없다. 서양의 이상에 압도되어 눈이 어두워진 일본인은 어느 정도는 모두 노예이다. 노예임을 감수할 뿐만 아니라, 앞다퉈 노예이고자 하는 자에게 어떤 이상도 머릿속에서 생겨날 리가 없을 것이다.

나쓰메에게 있어서 근대화의 모범생을 자처하는 일본은 서양의 노예에 다름 아니었다. 나쓰메는 스스로 서양에 패배했다는 자각을 저항의 동력으로 삼았다. 아울러 위의 인용문에서 보는 바와 같이 일본인을 '노예'로 지칭하고, 장편 소설 『그 후』(1909)에서 주인공 다이스케로 하여금 일본인을 '도덕적으로 타락한' '바보'라고 단정하는 나쓰메에게서 서양에 대한 패배를 인정하지 않으려는 일본 사회의 자기기만에 대한 비판과 저항을 읽는 것은 어렵지 않다. 다케우치 요시미가 루쉰을 논하며 언급한 "이중의 저항"[12]이 곧 이에 해당한다.

서양의 노예가 되는 공포를 공유했던 동아시아의 정신적 궤적을 '저항의 역사'로 포괄한다면, 한 발 앞서 서양의 지배에 맞서 투쟁했던 일본 작가 나쓰메 소세키의 이름은 맨 위 줄에 올라야 마땅하며, 이 지역의 소중한 정신적 유산으로 평가해야 할 것이다. 그러나 여기에서도 우리는 나쓰메의 언설 세계가 내포하는 정치적 모호함에 조우하는 곤경에 처하게 된다. 앞에서 말한 바와 같이 진정한 '저항'은 곧 패배감의 지속이라는 조건에서만 성립할 수 있다고 할 때, 나쓰메의 시대 비판으로서의 패배감의 행방에 대해 주목하지 않을 수 없다.

나쓰메는 두 번에 걸쳐 아시아를 여행했다. 1900년 영국 유학길에 아시아의 각지를 방문했고, 1909년 만철(남만주철도주식회사)의 초청으로 만주와 조선을 주유했다. 나쓰메가 유학을 떠난 1900년은 제국주의의 전성기였다. 나쓰메가 탄 배는 독일 선적이었지만, 발착지 요코하마에서 유럽의 관문 이태리 나폴리에 이르기까지 기착했던 상하이-홍콩-싱가포르-콜롬보-페낭-아덴-수에즈-포트사이드는 모두 영국의 지배하에 놓였던 도시였다. 말하자면 대영 제국의 심장인 런던에 도착하기까지 나쓰메의 여정은 제국주의에 대한 학습의 장이기도 했던 것이다. 서양을 학습하기 위해 두세 달의 항해에 오른 일본의 엘리트들은 서쪽 항로에 위치한 아시아의 식민지 도시를 통과하며 우승열패의 진화론적 세계관을 실감과 함께 내재화했다. 노예가 되지 않기 위해서는 주인이 되지 않으면 안 된다는 현실 인식과 함께 문명화의 정당성을 재확인한 것이다. 항해 중에 나쓰메가 기록한 여행 일기 속에서 아시아는 시종 '부감(俯瞰)'의 시선에서 관찰되었고, 관찰자는 내내 아시아로부터 스스로를 분리해 내고자 했다.

그로부터 9년 후, 작가로서의 명성을 획득한 나쓰메는 일본 제국의 대외 팽창의 현장인 만주와 한국을 여행하고 귀국 후 《아사히신문》과 만철의 기관지에 여행 소감을 발표했다.

이번 시찰 여행에서 또 하나 느낀 것은 내가 다행스럽게도 일본인으로 태어났다는 자각을 얻은 점이다. 내지에서 아등바등 움츠리고 지낼 때는 일본인만큼 불쌍한 국민은 전 세계에서 찾아볼 수 없을 것이라는 생각에 짓눌려 있었지만, 만주에서 조선에 걸쳐 우리 동포들이 각 분야의 문명 사업에서 활약하여 당당한 우월자(優越者)의 위치를 차지한 상황을 목격하고 일본인은 매우 믿음직한 인종이라는 인식이 뇌리에 새겨졌다.

동시에 나는 지나인이나 조선인으로 태어나지 않아 다행이라고 생각했

나쓰메 소세키와 일본의 근대

다. 그들을 눈앞에 두고 승자의 기백으로 맡은 일에 매진하는 우리 동포는 진정한 운명의 총아라고 말하지 않으면 안 된다. 경성에 있는 어떤 지인은 내게 이렇게 말했다. "도쿄나 요코하마에서는 서양인에게 브로큰잉글리시로 말하는 것이 창피했는데, 여기에 와 보니 웬걸 브로큰이든 뭐든 술술 입 밖으로 나오니 희한한 일이지 뭔가." 만한에 있는 동포 제군의 심리는 이 한마디로 대충 설명할 수 있지 않을까?[13]

여기서 나쓰메는 식민지 경영에 종사하는 일본인들에 대한 신뢰를 표명하고, 이들이 식민지에 이식한 '일본식 개화'에 긍지를 가질 것을 역설하고 있다. 이 발언은 그가 만주, 한국 여행을 떠나기 직전에 쓴 소설 『그 후』에서 주인공의 입을 빌려 전개한 "일본이 선진국 대열에 끼려고 깊이보다는 넓이를 확장해"서 즉 "무리하게 벌려 놓았기 때문에 더욱 비참"해졌다고 하는 시대 비판과는 극명한 괴리를 보인다. 이러한 자기 분열의 언설 양상 역시 종국적으로 정치적 모호함으로 수렴되기 마련이다.

이에 앞서 《아사히신문》 1909년 10월 18일자에 실린 대담 기사 「만한(滿韓)의 문명」에서도 "조선에서의 일본의 개화"가 자연스러운 양상으로 전개되고 있는 것에 흡족함을 나타내기도 했다. 이러한 일련의 발언이 설령 새롭게 제국의 판도에 편입된 해외 영토가 본토의 일본인에게 '기회의 땅'이라는 것을 환기하기 위한 프로파간다의 성격을 지녔다고 하더라도, 적어도 조선, 중국에서의 일본의 지위를 '우월자'로 지칭하는 이 발언 속에서 나쓰메는 사회진화론과 제국주의를 긍정하는 문명개화 이데올로그의 모습을 드러낸다.

다케우치 요시미는 루쉰의 소설 「총명한 사람과 바보 그리고 노예(聰明人、傻子和奴才)」에 투영된 '주인, 중간층, 노예'의 구도를 응용하여 일본 근대의 속성을 설명했다. 즉 '유럽, 우등생(일본), 열등생(아시아)'의 도식 속에서 '뒤처진 아시아를 지도할 사명'을 도출했고, 궁극적으로 제국주의를 정당화했다. 그러나 이 도식 속에서 우등생과 열등생의 구도가 주종 관계를 정당화하듯이, 유럽과 우등생 사이에도 또 하나의 주종 관계가 성립한다. 따라서 다케우치는 루쉰의 노예의 비유를 원용하여, 일본의 '우등생 근성'이야말로 스스로의 '노예성'을 드러내는 것이라고 비판한다.

> 노예가 노예의 주인이 되는 것은 노예의 해방이 아니다. 그러나 노예의 주관에서는 그것이 해방이다. 이것을 일본 문화에 적용시켜 본다면 일본 문화의 성질을 잘 알 수 있다. 일본은 근대로의 전환점에 있어서 유럽에 대해 결정적인 열등의식을 지녔다. 그 뒤 맹렬하게 유럽을 뒤쫓기 시작했다. 결국 자신이 노예의 주인이 됨으로써 노예로부터 벗어나고자 했다.[14]

1909년의 일본의 현실을 소(서양)와 경쟁하다 배가 터진 개구리에 빗대고, 일본을 서양의 '노예'로 지칭했던 나쓰메가 그로부터 불과 2개월 후 만철 총재의 초청으로 식민지의 시찰자가 되었을 때, 그는 처음으로 '주인'으로서의 실감을 몸으로 받아들였을 수도 있을 것이다. '일본식 개화'를 입에 올리는 나쓰메의 뇌리에는 더 이상 문명의 대행자가 아닌, 문명의 주역으로서의 확신이 자리 잡고 있었을지도 모른다. 이와 같은 나쓰메의 우월자 인식 속에 그가 치열하게 추구해 온 이중의 저항이 더 이상 머물 곳이 없음은 물론일 것이다. 나쓰메는 만주, 한국 여행을 통해 '아시아'라는 비교 항을 얻었고, 비로소 서양 문명에 대한 열패 의식으로부터 벗어날 계기를 찾게 되었다.

『산시로』(1908)와 『그 후』 이후 나쓰메의 소설에서 직설적인 시대, 문명에 대한 비판은 희미해지거나 자취를 감춘다. 만주, 한국 여행으로부터 5년 후에 발표한 소설 『마음』에는 시대, 문명에 대한 비판 대신 복고적인 유교적 공동체 관념이 표출되었다. 왜 나쓰메의 소설 중에서 가장 어둡고, 무겁고, '낡은' 소설 『마음』이 정전이 되었는가? 이 물음은 단순히 문학의 정치성이라는 맥락으로 수렴되기보다는 '근대'를 수입한 동아시아에서 문학이 감내해야 하는 고단한 운명에 대한 근본적 성찰을 요구하는 것이기도 하다.

윤상인 서강대학교 국어국문학과를 졸업하고 일본 도쿄 대학에서 비교문학 전공으로 석사 및 박사 학위를 받았다. 런던 대학 객원 연구원과 한양대학교 일본언어문화학과 교수를 거쳐 현재 서울대학교 아시아언어문명학부 교수로 재직 중이다. 저서로 『문학과 근대와 일본』, 『일본의 발명과 근대』(공역) 등이 있고 역서로 나쓰메 소세키의 『그 후』를 비롯해 『문학, 어떻게 읽을까』, 『오에 겐자부로, 작가 자신을 말하다』(공역) 등이 있다. 이와미쇼텐(岩波書店)에서 출간한 『世紀末と漱石(세기말과 나쓰메 소세키)』로 일본 산토리학예상을 수상했다.

아Q가 보여 주는
역사의 딜레마

루쉰의 『아Q정전』 읽기[1]

전형준 (서울대학교 중어중문학과 교수)

루쉰(魯迅, 1881~1936)
본명은 저우수런(周樹人). 중국 저장성(浙江省) 사오싱현(紹興縣)에서 태어났다. 1918년 《신청년
(新靑年)》에 「광인일기」를 발표하면서 루쉰이라는 필명을 썼다. 소설과 산문을 넘나드는 활발한
문필 활동을 전개하여 중국 사회에 드리워진 암흑의 근원을 파헤치는 데 혼신을 바쳤다. 봉건의
극복과 근대의 실현을 위해 치열한 고투를 벌인 문학가이자 사상가로서 널리 평가받고 있다. 작품
에 소설집 『외침』, 『방황』, 산문집 『열풍』, 『아침 꽃을 저녁에 줍다』 등이 있다.

'문화의 안과 밖' 고전 읽기 시리즈에서는 근현대 세계 문학의 대표 작가 10명 중 하나로 중국 작가 루쉰을, 그리고 그의 대표작으로 중편 소설 『아Q정전(阿Q正傳)』을 선택했다. 이 선택에 필자는 기꺼이 동의한다. 왜 루쉰인가? 근현대 중국 문학을 대표하는 작가이기 때문이다. 왜 『아Q정전』인가? 루쉰 문학을 대표하는 작품이기 때문이다.

1　루쉰을 보는 시각

　중국 바깥에 가장 많이 알려진 중국 현대 작가는 루쉰이다. 1881년에 태어난 루쉰은 1918년 중국 최초의 현대 소설 「광인일기(狂人日記)」를 발표했고 1936년 타계하기까지 『외침(吶喊)』,[2] 『방황(彷徨)』, 『옛날이야기 다시 쓰기(故事新編)』 등 세 권의 소설집을 출판했다. 소설가일 뿐만 아니라 산문가, 번역가, 시인이기도 했으며 사상가, 혁명가였다고 할 수도 있는데, 그 중 어느 측면이 주목되는가는 보는 사람에 따라 완연히 달라지기도 한다.

　루쉰은 물론 생전에도 유명했고 높은 평가를 받았지만 사후에 마오쩌둥(毛澤東)에게 극찬을 받고 사회주의 문학의 정전(正典)이 되면서 더욱 명성이 높아졌다. 마오쩌둥의 극찬 중 대표적인 예를 보자.

　루쉰은 중국 문화 혁명의 주된 장수(將帥)이다. 그는 위대한 문학가일 뿐만 아니라 위대한 사상가이자 위대한 혁명가이기도 하다.[3]

마오쩌둥식의 루쉰 평가가 절정에 이른 것은 문화 대혁명 시기였다. 이때 사회주의 문학의 정전은 소련의 고리키와 중국의 루쉰 둘이었다.

문혁이 끝나고 1980년대가 되자 신계몽주의자들이 거의 신격화에까지 도달한 마오쩌둥식 루쉰관을 부정하고 '인간 루쉰'을 강조하는 재해석과 재평가를 시도했다. 여기에서 루쉰은 더 이상 사회주의 문학의 정전이 아니라 계몽주의와 휴머니즘의 실천자로서 새로운 긍정적 이미지를 부여받았다. 그러나 이 새로운 긍정적 이미지의 형성이 종래의 마오쩌둥식 루쉰관을 완전히 없애지는 못했다. 한편으로 여전히 사회주의 문학의 정전으로서 루쉰을 찬양하는 관점이 주로 관방(官方)을 중심으로 유지되었고, 다른 한편으로 바로 그렇기 때문에, 즉 사회주의 문학의 정전이기 때문에 루쉰을 싫어하고 비난하는 발언도 많이 나왔다. 이 두 가지는 찬양과 비난이라는 정반대되는 태도를 보이지만 루쉰을 사회주의 문학의 정전으로 본다는 점에서는 다르지 않다고 할 수 있다. 루쉰을 사회주의 문학의 정전으로 보는 사람들은(그래서 찬양을 하든 비난을 하든) 루쉰이 사회주의 쪽으로부터 비판 내지 비난 받은 일들에 대해 거의 언급하지 않는다. 1928년에 당시의 젊은 프로 문학 운동가들이 '아Q의 시대는 죽었다'면서 맹렬하게 루쉰을 비난했고, 1942년에는 마오쩌둥이 루쉰 산문의 비판적 글쓰기 방식의 유효성을 부정했다. 1957년 반우파 투쟁 당시에는 마오쩌둥이 사석에서 "루쉰이 지금까지 살아 있다면 대국(大局)을 보고 침묵하거나 아니면 감옥에 갇혀서 계속 쓰고 있을 것"이라고 언급하기도 했다. 그러니 루쉰을 단순하게 사회주의 문학의 정전으로 규정짓는 것 자체가 이미 왜곡이라 하지 않을 수 없다.

1990년대 후반부터 지금에 이르기까지 루쉰을 폄하하는 발언이 점점 더 많아졌다. 현재적 의의에 대한 회의, 포스트 식민주의적 비판, 포스트 모더니즘적 비판, 페미니즘적 비판 등 폄하의 이유도 다양해졌다. 그러나 이 모든 폄하는, 그것들이 활발한 그만큼, 역설적으로 루쉰의 중요성을 다시 한 번 확인해 준다. 1990년대 이래의 도덕 이상주의 논쟁, 자유주의 논쟁, 혁명 이상주의 논쟁 등 여러 사상 논쟁들이 끊임없이 루쉰을 주요 사례로 삼은 것도 마찬가지로 이해될 수 있다. 물론 폄하만 증가한 것은 아니고 루쉰의 긍정적 의의를 새롭게 검토하는 다시 읽기의 시도도 늘어났고 다양해졌다. 필자가 중시하는 것은 이 다시 읽기이다.

2 『아Q정전』을 읽기 전에 알아야 할 것들

루쉰 소설 중 사람들에게 가장 널리 알려진 작품은 『아Q정전』이다. 노벨 문학상을 수상한 프랑스 작가 로망 롤랑이 『아Q정전』의 프랑스어 번역을 읽고 눈물을 흘렸다는 일화도 유명하다. 이 일화가 『아Q정전』의 지명도를 높이는 데 큰 역할을 했을 것이다.[4]

그런데 루쉰 자신은 자신의 작품 『아Q정전』에 대해 불만을 느꼈던 것 같다. 예컨대 루쉰은 『중국신문학대계 소설 제2집』(1935)을 엮으면서 자신의 작품은 「광인일기」, 「약」, 「비누」, 「이혼」 네 편을 수록했고, 수록한 네 편과 「쿵이지(孔乙己)」를 자신의 대표작으로 꼽으면

아Q가 보여 주는 역사의 딜레마

서 『아Q정전』에 대해서는 언급하지 않았다.

『아Q정전』은 1921년 12월 4일부터 이듬해 2월 2일까지 《신보(晨報)》라는 신문의 부간(副刊)에 매주 한 번씩 연재되었는데 처음 연재를 시작할 때는 '웃기는 이야기(開心話)'난에 실렸고 2회 연재분부터 '신문예'란으로 옮겼다. 속사정을 살펴보면,[5] 루쉰이 '웃기는 이야기'난을 새로 만든 편집자의 제안을 받고 1회분을 쓴 게 『아Q정전』의 제1장 「서(序)」였다. 이때만 해도 루쉰에게 소설을 쓴다는 의식은 별로 없었던 것 같다. 첫 소설을 발표하면서부터 사용해 온 루쉰이라는 필명을 쓰지 않고 바런(巴人)이라는 필명을 따로 사용한 것도 그래서였을 것이다.[6] 그러나 제2장부터는 '웃기는 이야기'에서 '진지한' 소설로 스타일이 바뀌었고 그래서 편집자가 신문예란으로 지면을 옮겼다. 나중에 루쉰은 첫 회분이었던 제1장을 가리켜 "있으나마나 한 쓸데없는 골계"라고 스스로 혹평했다.[7] 미학주의라고 불러도 될 만한 루쉰의 소설 쓰기의 엄격성에 비추어 보면 그가 이 작품에 대해 미학적 내지 문학적 불만을 가진 것은 조금도 이상한 일이 아니다.

그럼에도 불구하고 『아Q정전』은 루쉰의 대표적 소설이며 뛰어난 작품이다. 왜 그런지는 앞으로의 논의에서 밝혀질 것인데, 그에 앞서 제목에 대한 자세한 설명이 필요하겠다. 있을 수 있는, 실제로 많이 발견되는 오해를 없애기 위해서이다.

작가는 제1장 「서」에서 '아Q'라는 이름에 대해 다음과 같이 설명하고 있다.

셋째, 나는 또 아Q의 이름을 어떻게 쓰는지도 모른다. 그가 살아 있었을 때 사람들은 다들 그를 아꾸이(阿Quei)라고 불렀는데 (……) 아꾸이라는 게 아꾸이(阿桂)일까 아꾸이(阿貴)일까? (……) 그 밖에 꾸이(Quei)라고 읽는 벽자들은 더욱더 부적합했다. (……) 주음자모(注音字母)는 아직 통용되지 않는 것 같으니 '서양 글자'를 쓰는 수밖에 없다. 영국에서 널리 사용되는 발음 표기법에 따라 그를 아Quei라고 쓰고, 줄여서 아Q라고 쓴다.

아(阿)는 이름이나 성 앞에 붙여 친근한 호칭으로 사용한다. 이름이 꾸이이면 아꾸이라고 부르는 것이다. 그러나 아꾸이는 그 꾸이가 무슨 글자인지 모른다. 계(桂)와 귀(貴)는 표준 중국어에서 발음이 똑같이 꾸이이고 흔히 이름자로 사용되는 글자이지만 아꾸이의 꾸이가 그중 어느 글자인지를 모르므로 소리로 표기하겠다는 것이 위에 인용된 진술의 취지이다.[8] 주음자모는 1918년에 제정된 중국식 발음 표기법인데 이 작품이 발표되던 당시에는 사용되고 있었지만 작품의 시간적 배경이 되고 있는 신해혁명(1911) 시기에는 아직 존재하지 않았다. 그래서 "영국에서 널리 사용되는 발음 표기법"을 사용하겠다는 것인데, 이 표기법이 바로 웨이드-자일스(Wade-Giles)식, 줄여서 웨이드식 표기법이다. 영국에서 1890년에 완성된 이 표기법은 사실상 20세기 내내 중국어 로마자 발음 표기법의 세계적 표준이 되었는데 문제는 이 표기법에 따르면 꾸이는 Kuei로 표기된다는 데 있다.[9] 이를 모를 리가 없는 루쉰이 왜 억지를 부려가며 K를 Q로 바꾼 것일까. 꾸이를 Quei로 표기하는 유일한 방식은 마테오 리치 방식이지만 이 방식은 거의 사용되지 않았고 거의 알려지지도 않았다. 루쉰이 주음자모 제정에 참여했다는 점을 고려하면 그가 마테오 리치 방식에

아Q가 보여 주는 역사의 딜레마

대해 알았을 가능성은 있지만 이에 대해 직접 언급한 적은 없다. 설사 알았다 하더라도 여기서 중요한 것은 웨이드식을 내세우면서 일부러 Quei라고 표기한 것이 자못 궁금함을 자아낸다. 왜 그랬을까. 대문자 Q라는 표기가 필요했기 때문이라고 짐작하지 않을 수 없다. Q는 '큐'라고 읽는데 이 발음은 청나라의 전통적 헤어스타일 변발(辮髮)을 뜻하는 영어 단어 queue와 발음이 같고, 대문자 Q의 모양은 변발의 모양과 유사한 것이다. 결국 읽을 때는 '아꾸이'라고 읽고 쓸 때는 '아Q'라고 쓰는 매우 흥미로운 결과가 나오게 된다. 가령 제1장의 다음과 같은 대목을 보자.

"아Q, 너 이 개 같은 놈! 네가 나를 네 일가라고 말했더냐?"
아Q는 입을 열지 않았다.

대화 부분을 읽을 때는 당연히 아Q를 아꾸이라고 읽어야 하겠지만 지문을 읽을 때는(소리를 내든 안 내든) 아큐라고 읽어야 할지 아꾸이라고 읽어야 할지 망설여진다. 어쩌면 이 아큐/아꾸이의 이중성이야말로 데리다식으로 말해 에크뤼튀르의 중요한 논제가 될 수도 있을 것 같다. 그러니 이 작품의 한국어 번역 제목을 '아큐정전'이라고 한다면 명백히 오역이 되는 것이다.

또 하나 살펴볼 것은 제목 중의 '정전(正傳)'이라는 말이다. 전기를 정전이라 부른 예는 『아Q정전』 이전에는 없다. 제1장에서 전기의 각종 명칭들, 즉 열전(列傳), 자전(自傳), 내전(內傳), 외전(外傳), 별전(別傳), 본전(本傳), 가전(家傳), 소전(小傳), 대전(大傳) 등을 나열한 작가는 이 모든 것을 이 작품의 제목으로 사용하기에 부적합하다고 판정한 뒤, "한화휴제언귀정전(閑話休題言歸正傳)"이라는 옛 이야기꾼의 상투어에서 '정전'이라는 말을 따왔다고 설명한다. "한화휴제언귀정전"을 우리말로 옮기면 "여담은 그만두고 본래 이야기로 돌아가서" 정도가 되므로, 이렇게 보면 '정전'이라는 말은 전기를 뜻하는 것이 아니라 '본래 이야기' 정도의 의미를 갖는다. 영어 번역자 양 부부는 그 상투어를 "Enough of this digression, and back to the true story"라고 번역했고 그래서 『아Q정전』의 영어 제목이 『The True Story of Ah Q』가 되었다. 우리도 『아Q 이야기』나 『아Q에 대한 본래 이야기』라는 식으로 제목을 붙일 수 있겠지만, 그러나 우리말은 한자어를 사용하기 때문에 '정전'이라는 말을 그대로 쓸 수 있고, 그래서 한국어 번역 제목은 이러한 복잡한 사정을 함축하여 『아Q정전』이 되는 것이다.

3 『아Q정전』을 보는 시각

『아Q정전』에 대한 기왕의 수많은 해석들은 크게 다음 세 가지 관점으로 나뉠 수 있다.

(1) 중국 국민성을 부정적으로 묘사했다고 보는 관점
(2) 신해혁명을 부정적으로 묘사했다고 보는 관점
(3) 농민 계급의 혁명성을 긍정적으로 묘사했다고 보는 관점

이 세 가지 중 가장 널리 알려진 것은 (1)의 관점이다. 이렇게 볼때 『아Q정전』은 부정적 국민성, 즉 중국인의 나쁜 성격(劣根性)을 묘사한 알레고리가 되고(그 나쁜 성격을 대표하는 것이 '정신승리법'이다.) 작중 인물 아Q는 중국인의 알레고리가 된다. 루쉰 자신이 창작 의도에 대해 "국민의 영혼(國人的靈魂)"을 묘사하려 했으며 이는 "국민성의 개조"를 위한 것이라는 식의 발언을 자주 했기 때문에 이 관점은 강한 설득력을 갖는다. 루쉰 문학의 기원, 나아가서는 중국 현대 문학의 기원에 관한 전설적 이야기라 할 이른바 '환등기 사건' 일화도 이관점에 부합된다. 루쉰이 일본의 센다이 의학전문학교에 유학하던 시절, 당시는 러일 전쟁 때였는데, 수업이 일찍 끝나고 남는 시간에 뉴스 사진을 환등기로 보여 주었고, 그 사진 중에 한 중국인이 러시아군의 간첩 활동을 했다는 죄목으로 중국 땅에서 일본군에게 처형당하고 그 처형을 중국인들이 경직된 얼굴로 구경하는 장면이 담겨 있었고, 이 사진에 충격을 받은 루쉰이 신체적 건강이 아니라 정신의 개조가 중요하다고 생각하게 되었고, 그리하여 의학에서 문학으로 전향하게 되었다는 이른바 '기의종문(棄醫從文)'의 일화는 (1)의 관점과 너무도 잘 어울린다. 『아Q정전』 발표 당시에 루쉰의 친동생이며 함께 문학 활동을 하던 저우쭤런(周作人)이 "아Q는 중국인의 모든 인습적 내림의 결정체"라고 논평한 이래, 예컨대 1940년에 평론가 바런(巴人)이 아Q를 "가장 보편성을 갖춘 민족의 전형"이라고 논평한 것처럼 (1)의 관점은 해석의 주류가 되었다. 1930년에 한국의 중국문학 연구자 정래동이 "본래 『아Q정전』은 중국의 사회상을 그리려 한 것보다 중국인의 호도(糊塗)한 것과 중국 전통적 사상인 '정신적 자위

(自慰)'의 손실 등을 역설하여 당시 중국인의 보편적 성격을 묘사한 것이란 것이 일반적 평이다."라고 소개한 것도 바로 이 관점이다.

(2)의 관점은 (1)과 유사하면서도 다르다. 부정적 묘사로 본다는 점에서는 유사하지만 국민성의 알레고리가 아니라 사회상의 사실적 묘사라고 보는 것이기 때문이다. 『아Q정전』을 신해혁명과 그 당시 사회상의 묘사라고 보게 되면 아Q는 농민, 혹은 넓히면 인민, 좁히면 고농(雇農)의 전형이 된다. 예컨대 1941년에 소설가 저우리보(周立波)는 이 작품을 "신해혁명의 진실한 그림"이라고 평했고, 1949년에 평론가 천융(陳涌)은 이 작품이 그린 것은 "농촌 프롤레타리아이자 중국의 봉건 통치 계급"이라고 설명했다. 1930년에 최초의 『아Q정전』 한국어 번역을 발표한 소설가 양백화가 "취재는 혁명에 희생된 무지한 한 농민의 전 생애에 있으니 제1혁명 당시의 사회 상태를 노신(魯迅)씨 일류의 신랄한 풍자와 투철한 관찰로 여실하게 표현한 것이다."라고 해설한 것도 바로 이 관점이다.

(3)의 관점은 앞의 두 관점과 근본적으로 다르다. 『아Q정전』을 긍정적 묘사로 보기 때문이다. 여기서 『아Q정전』은 농민 계급의 혁명성을 묘사한 리얼리즘 작품이 되며 아Q는 정신승리법을 벗어나 자발적인 혁명 요구로 나아간 농민 계급의 전형이 된다. 1979년에 문학사가 린즈하오(林志浩)가 "압박과 착취를 받으면서 그로 인해 자발적으로 혁명을 요구하게 되는 빈농의 계급적 특징"을 묘사했다고 평한 것을 대표적 예로 들 수 있다.

이상의 세 가지 관점은 다 나름대로 이 작품의 일정 부분에 대해 조명해 주는 바가 있어 전혀 근거가 없다거나 완전히 틀렸다고는 말

아Q가 보여 주는 역사의 딜레마

할 수 없다. 그러나 셋 다 어느 한 측면에만 편향되어 다른 측면들을 보지 못했다는 점에서는 공통된 한계를 갖는다. 특히 (3)의 관점은 자신이 본 측면에 대해서도 지나치게 과잉 해석을 함으로써 더욱 큰 오류를 범했다. 필자가 보기에 『아Q정전』은 이 세 가지 관점을 모두 가능하게 하는 복합성을 지녔고 바로 이 복합성이야말로 이 작품의 가장 중요한 특징이다.

4 『아Q정전』 읽기의 기초

이상의 사전 검토를 기반으로 『아Q정전』을 자세히 읽어 보기로 하자. 먼저 줄거리를 요약하면 다음과 같다.

제1장 서(序) 제목에 대한 해명.

제2장 승리의 기록 아Q는 언제부턴지 웨이주앙(未莊)의 토지묘에 살고 있는 농촌 빈민이다. 그는 자부심이 무척 강한데, 실제 자부심을 가질 만한 아무런 근거도 없고 오히려 사람들에게 조롱받고 구타당할 뿐이다. 그것을 그는 정신승리법으로 이겨 낸다.

제3장 속 승리의 기록 어느 날 아Q는 왕털보(王鬍)에게 얻어맞고 가짜 양놈(假洋鬼子)에게 매를 맞는데, 자신이 평소에 경멸하던 사람들에게 거꾸로 얻어맞고 만 이 일들은 정신승리법으로 이겨 내지 못한다. 그러나 아Q는 만만한 젊은 여승을 희롱함으로써 승리의 쾌감을 맛본다.

제4장 연애의 비극 젊은 여승을 희롱한 뒤 뜻하지 않게 마음이 들뜬 아Q는

짜오 나으리(趙太爺) 댁에서 일을 해 주다가 그 집의 하녀 우마(吳媽)[10]에게 "나하고 자자."라고 외치며 무릎을 꿇는다. 이 일로 아Q는 매를 맞고, 마을의 청원경찰(地保)에게 술값을 뜯기고, 짜오 나으리 댁에 피해 보상을 해 준다. 그 바람에 털모자며 솜이불을 저당 잡히고 품삯과 웃옷을 다 뺏긴다.

제5장 생계의 문제 짜오 나으리 댁 사건 이후, 아Q는 품팔이 일거리가 끊겨 생계에 위협을 받는다. 자기 일거리를 대신 맡은 샤오D(小D)를 때려주려 하지만 싸움은 무승부로 끝나고 만다. 아Q는 암자의 채마밭에서 무를 훔쳐 먹고 현성(縣城)으로 간다.

제6장 중흥에서 말로까지 새 옷을 입고 현금을 지니고서 웨이주앙으로 돌아온 아Q는 사람들에게 존경을 받게 된다. 더구나 현성에서 가져온 물건들을 팔면서부터 사람들의 총애를 받는다. 그러나 그 물건들이 장물이며 그의 역할이 망보기였고 그가 겁 많은 좀도둑에 불과함이 밝혀지자 다시 멸시받는다.

제7장 혁명 혁명당의 현성 입성으로 나으리들이 두려워하고 당황하는 모습을 본 아Q는 혁명이 나쁘지 않다고 생각하고 혁명당에 투항할 것을 결심한다. 마음이 들뜬 그는 "반란이다! 반란이다!"라고 외치며 거리를 활보하여 짜오 나으리 등의 사람들을 겁먹게 한다. 그러나 다음 날 아침, 아Q는 짜오 수재(趙秀才)와 가짜 양놈이 "벌써 혁명을 한" 것을 알게 된다.

제8장 혁명 불허 혁명당의 현성 입성에도 불구하고 웨이주앙은 물론 현성에도 변발 문제 외에는 아무런 변화도 없다. 아Q는 혁명당에 새로 입당한 가짜 양놈에게 자기도 끼워 줄 것을 부탁하려다가 욕만 먹고 쫓겨난다. 그러던 어느 날, 도둑들에게 짜오 나으리 댁이 약탈당하는 광경을 목격한다.

아Q가 보여 주는 역사의 딜레마

제9장 대단원 아Q는 짜오 나으리 댁을 약탈한 강도단의 일원으로 간주되어 체포된다. 의사소통이 전혀 이루어지지 않는 신문 끝에 총살형이 결정되고 드디어 아Q는 영문도 모르는 채 총살당한다.

필자가 루쉰에 대해 처음 쓴 글은 『노신 소설과 오사운동』(1984)이고 위 요약도 그 글에서 처음 제시했던 것인데, 그 글에서 필자가 행한 『아Q정전』 해석은 앞에서 살펴본 세 가지 관점 중 관점 (1)과 관점 (3)에 대한 이의 제기에서 출발했다.

정신승리법[11]은 발단에 지나지 않으며, 제3장에 나오는 "(왕털보에게 맞은 뒤) 아Q의 기억으로 이것은 평생에 첫째 가는 굴욕이라 해야 할 것 같았다. (……) 아Q는 어찌할 바를 모르고 서 있었다."라는 대목에서부터 정신승리법의 파탄이 벌써 나타나기 시작하고, 제4장에 이르면 정신승리법이 아Q의 의식 상태를 설명해 주는 데 거의 근거를 상실한다는 점(하녀 우마에게 "같이 자자"면서 무릎을 꿇는 장면에서 부각되는 것은 인간적 절실함이지 더 이상 부정적 국민성이 아니다.)을 주목하면, 우리는 관점 (1)의 유효성이 얼마나 제한적인가를 금세 알 수 있다.

관점 (3)이 근거로 삼는 것은 제7장에서 아Q가 "혁명당이란 건 반역이고, 반역은 곧 그를 괴롭히는 것"이라는 고정관념에서 벗어나 "혁명도 나쁘지 않다"고 생각하게 되는 대목이다. 이런 독법이 일면 타당성을 갖는 것은 사실이지만 극히 일부에 지나지 않는 특정 부분만을 의미화하고 그것으로 전체에 대한 설명을 대체하기 때문에 작품 전체에 대해서는 오히려 왜곡을 낳는다고 하지 않을 수 없다.

필자가 주목한 것은 다음과 같은 대목들이다.

첫째, 제4장의 구애 사건 이후 공격적 풍자는 부수적인 것이 되고 동정과 연민을 밑에 깐 해학이 전면으로 대두되어 아Q에 대한 희화화는 비애를 강력히 포함하게 된다. 이때부터 아Q는 단순히 부정적인 인물에서 부정적이면서 동시에 긍정적이기도 한, 복합적 인물로 변모한다.

둘째, 제4장부터 아Q의 불행한 삶은 짜오 나으리 댁과 불가분의 관계로 나타나고 갈수록 심화된다. 제5장에서 중흥한 아Q가 다시 비참한 지경으로 떨어지는 것 또한 짜오 나으리 댁과 관계된다. 지배 계급이 민중의 불행, 고통과 본질적 연관을 갖고 나타나는, 그리하여 공격적 풍자의 대상이 되는 이러한 모습은 『아Q정전』 이전의 루쉰 소설에서는 보이지 않던 것이다. 제7장에서 아Q가 혁명도 나쁘지 않다고 생각하게 되는 것은 이 맥락에서 이해되어야 한다. 얼핏 맹목적 반항으로 보일지도 모를 "반란이다! 반란이다!"라는 외침이 이런 맥락을 고려하면 절실성을 획득한다. 그것은 아Q 자신은 의식하지 못하지만 '축적된 비애의 발현'[12]이다. 이것을 무지나 맹목적 반항으로만 보는 것은 피상적 관찰에 지나지 않고, 반대로 관점 (3)처럼 혁명성의 온전한 발현으로 보는 것은 과장일 뿐만 아니라 왜곡이기도 하다.

셋째, 그러나 아Q의 혁명당에의 투항은 다시 한 번 헛된 일이 되고 만다. 수재와 가짜 양놈이 먼저 혁명을 해 버린 것이다. 아Q는 오히려 강도로 몰려 총살당하고 만다. 혁명에 의해 타도되어야 할 구(舊) 지배 계급이 혁명당의 일원으로 전신하고 혁명의 주체가 되어야 할 피지배 계급은 그 혁명 과제의 수행을 위해 죽음을 당하는 이 아이러니야말로 신해혁명의 실체에 대한, 나아가서는 중국 사회의 봉건성에 대한 근본적 비판이다. 이렇게 보면 필자의 해석은 앞에 소개한 세 관점 중에서는 상대적으로 관점 (2)에 가깝다고 할 수 있다.(가깝지만 물론 같지는 않다.)

넷째, 『아Q정전』 이전의 루쉰 소설에는 희망이 거의 나타나지 않고 드물게 나타날 경우 그 희망은 민중에 대한 전체적 부정의 관점 위에 조작적으로 세워진 것으로서 당위의 절망적 확인인 데 비해, 『아Q정전』은 외면상 철저한 절망의 모습을 하고 있지만 그 형식가(形式價)가 민중에 대한 근원적 긍정을 구현하고 있다.

5   왕후이의 새로운 해석

근년에 중국에서 나온 새로운 아Q 해석 하나가 눈길을 끈다. 이른바 신좌파(新左派)라고 불리는 지식인 그룹의 대표적 일원으로서 본래 루쉰 전공자였던 칭화대 교수 왕후이(汪暉)의 책 『아Q 생명 속의 여섯 순간』(2012)이 그것이다.[13] 왕후이가 주목한 것은 아Q가 정신승리법을 벗어나는 여섯 순간이다. 여덟 장면으로 요약하면 다음과 같다.

(1) '실패의 고통': 도박판에서 딴 돈을 다 잃어버린 뒤(제2장)
(2) '어찌 해야 할 바를 모름': 왕털보에게 맞은 뒤(제3장)
(3) 성(性)과 기아(饑餓): ① 우마에게 구애할 때(제4장), ② 생계의 위기에

빠졌을 때(제5장)

(4) 생존 본능의 돌파: '먹을 것을 구할(求食) 길'을 찾아나설 때(제5장)

(5) 혁명의 본능과 '무의미(無聊)': ① 혁명 본능의 발동(제7장), ② 혁명 불허 후의 '무의미'(제8장)

(6) 대단원과 죽음: 눈빛과 공포(제9장)

아Q가 정신승리법에서 벗어나는 모습을 중시한 필자가 1984년의 글에서 제시했던 것은 앞에서 설명되었듯이 (2)와 (3)-①, (3)-②, (5)-①이었고, 2005년에 한 잡지의 청탁으로 쓴 글 「어리석은 아Q 불쌍한 아Q」에서는 "요즘 들어 내게 가장 가슴 아픈 대목은 처형장으로 끌려가는 도중에 아Q가 진상을 깨닫는 장면이다. 구경꾼들의 시선, 그 무시무시한 눈빛이 아Q의 영혼을 물어뜯는 장면. 아Q는 '사람 살려'라고 외치려 하지만 그 외침조차 소리 내지 못하고 정신을 잃고 만다. 소리 내지 못한 이 외침이야말로 아Q의 진실이다."라고 하며 (6)의 의미를 강조했으니 필자가 주목한 것은 네 순간, 다섯 장면이었다고 할 수 있다. 필자는 제시하지 않았고 왕후이는 제시한 세 장면 (1), (4), (5)-②에 대해 좀 더 자세히 살펴보도록 하자.[14]

(1)의 해당 부분을 인용하면 다음과 같다.

하얗게 반짝이는 은전 더미! 더구나 자기의 것이었는데…… (……) 자기를 벌레라고 해 보아도 역시 마음이 개운치 않았다. 그도 이번에는 실패의 고통을 조금 느꼈다.(제2장)

정신승리법의 작동이 중단되는 첫 장면이다. 그런데 더욱 주목해야 할 것은 이 작동 불능은 잠시뿐이고 금세 회복된다는 점이다. 위 인용에 바로 이어서 "그러나 그는 금세 패배를 승리로 바꾸어 놓았다. 그는 오른손을 들어 자기 뺨을 힘껏 연달아 두 번 때렸다. (……) 잠시 후에는 자기가 남을 때린 것 같았으므로 (……) 만족해하며 의기양양하게 드러누웠다."라고 서술되는 것이다. 이는 (2)와 다소, 혹은 많이 다르다고 할 수도 있다. (2)에서는 자기 혼자만의 정신승리법으로는 해결이 되지 않고, 그래서 여승을 희롱하고서야, 다시 말해 자신보다 더 약한 사람에게 패배의 고통을 전가하고서야 비로소 승리의 쾌감을 느낄 수 있게 된다. 필자가 (1)을 제시하지 않고 (2)부터 제시한 것은 그 차이를 중시했기 때문이다.

한편 (4)와 (5)-②의 해당 부분은 다음과 같다.

그는 길거리를 가면서 '먹을 것을 구하려고(求食)' 했다. 낯익은 술집이 보였고 낯익은 만두 집이 보였지만 그는 전부 지나쳤다. (……) 그가 구하려는 것은 그런 것들이 아니었다. 그가 구하려는 것이 어떤 것인지는 그 자신도 몰랐다.(제5장)

그는 이토록 무의미(無聊)[15]한 느낌이 든 적은 이제껏 없었던 것 같았다. 자신의 틀어 올린 변발에 대해서도 무의미(無意味)하게 느껴졌고 모멸감이 들었다.(제8장)

(4)와 (5)-②를 필자는 간과했는데 왕후이가 이 두 장면을 제시

한 것을 보니 과연 중요한 장면이라 하지 않을 수 없다.

이 여섯 순간의 제시를 근거로 왕후이는 다음과 같이 명쾌하게 자신의 주장을 성립시킨다.

우리는 『아Q정전』이 정신승리법의 전형을 창조했다고 말하기보다는 정신승리법을 돌파할 계기를 제시했다고 말하는 편이 나을 것이다.

그리고 이 주장에서 멈추지 않고 논의를 좀 더 밀고 나가서 주목할 만한 새로운 해석을 시도한다. 들뢰즈를 참조한 것이 분명해 보이는 왕후이의 이 해석은 정신과 신체의 이항 대립을 해석의 틀로 삼고, 의식은 정신에, 본능, 직감,[16] 잠재의식은 신체에 해당하는 것으로 설정하며, 정신승리법은 정신의 영역에서 작동되는 것이고 정신승리법 돌파의 계기는 신체 영역에서 나타나는 것이라고 본다. 이렇게 보면 여섯 순간은 의식(정신)의 벽을 뚫고 본능, 직감, 잠재의식(신체)이 발휘된 순간이 된다.

이 순간에 이루어지는 것을 왕후이는 "아래를 향한 초월(向下超越)"이라고 부른다. 왕후이에 의하면 정신, 의식, 역사는 위(上)이고 신체, 욕망, 본능, 직감, 잠재의식, 귀신은 아래(下)이다. 그리고 혁명은 "위를 향한 초월(向上超越), 즉 본능과 직감을 벗어나 역사의 계보로 진입하는 것이 아니라, 아래를 향한 초월, 즉 귀신의 세계에 잠입하며 본능과 직감을 심화하고 뛰어넘어, 역사의 계보에 의해 억압된 계보에 대한 파악을 획득하고 나아가 세계의 총체성을 펼쳐 보이는 것"이다. 왜 그런가 하면, "직감과 본능은 진실한 요구와 진실한 관계를 드러낼 뿐만 아니라 그 관계를 변화시키고자 하는 욕망을 솔직하게 표현"하기 때문이다. 이러한 의미에서 『아Q정전』은 중국 혁명 발단 시대의 알레고리이다.

6   왕후이의 해석과 다르게 읽기

공교롭게도 필자 역시 '아래로'라는 방향을 강조한 바 있다. 2005년에 발표한 글 「어리석은 아Q 불쌍한 아Q」에서였는데, 그것은 왕후이와는 달리, 아래를 향한 동일화(초월이 아니라)이고 계몽(신체가 아니라)에 관한 것이었다. 그 글에서 필자는 다음과 같이 썼다.

아직 진상을 대면하지 못한 상태의 아Q는 그 자신도 구경꾼의 하나이고 무시무시한 눈빛 중의 하나이다. 자기 자신이 그 눈빛에 영혼을 물어뜯길 때가 되어서야 비로소 진상을 깨닫게 되지만 때는 이미 늦었다. 이 딜레마가 바로 루쉰 당시의 중국 현실인 것이고 그것은 지금도 그런 것이 아닐까. 이렇게 쓰고 있는 나 자신도 어쩔 수 없는 하나의 아Q인 것이 아닐까. 어리석은 아Q 불쌍한 아Q를 위에서 내려다보는 시선으로는 『아Q정전』을 병든 국민성에 대한 비판으로 읽거나 계급적 각성의 발견으로 읽게 되기 십상이다. 나 자신이 하나의 아Q가 되어 아Q를 대면할 때 비로소 연민과 해학을 그 깊이에서 공감할 수 있다.

필자는 『아Q정전』에서 중국 혁명의 발단 시대를 보기보다는 위에서 아래로 내려다보는 시선의 순진한 계몽주의에 대한 반성을 보았던 것이다. 필자의 관점은 이 작품을 루쉰의 다른 작품「광인일기」와 함께 맥락화하는 데서 비롯되었다.「광인일기」의 광인은 지식인이고『아Q정전』의 아Q는 민중이지만 작가는 두 인물 모두에 자기 자신을 동일화시키면서 순진한 계몽주의라는 당시의 주류 사조(자신의 과거를 포함하여)에 대해 심각한 반성을 수행했다는 맥락화이다. 이에 대한 자세한 논의는 이 글의 범위를 많이 벗어날 것 같다.

왕후이의 논의에 대해 필자가 특별히 더 추가하고 싶은 것은 그 순간들, 정신승리법을 벗어나는 순간들, 아래를 향한 초월이 이루어지는 순간들이 그야말로 순간에 지나지 않는다는 사실을 어떻게 의미화할 것인가라는 질문이다. 그 순간들을 각성(의식적인 것이든 무의식적인 것이든)이 이루어지는 순간이라고 한다면 이 각성은 순간에 그치고 금세 무화(無化) 되고 만다. 이 각성-무화의 과정은 우선 아Q의 삶 안에서 여러 차례(적어도 여섯 번 이상) 되풀이해서 나타나지만, 아Q의 삶과 죽음을 전체적으로 볼 때 이 역시 각성-무화 과정의 한 단위라 할 수 있겠고, 신해혁명 전체를 그 과정의 한 단위로 보는 것도 가능할 것이다.

왕후이 역시 이 각성-무화의 과정을 간과하지 않았고 그래서 "『아Q정전』의 여섯 순간은 아Q가 '각성'하는 계기이기도 하지만 매번 겨우 몇 초, 심지어 몇 분초 지속되다가 바람 따라 사라져 버린다." 라고 지적했다. 그러나 왕후이가 중시하는 것은 무화 쪽이 아니라 발생 쪽이다. 어떻게 발생할 수 있었고 어떤 가능성을 내포하고 있었는가 하는 데 시선을 집중하는 것이다. 또한 그래서 그 과정의 되풀이에 대해 설명할 때 '순환'과 '반복(重復)'이라는 개념 쌍을 사용한다. 각성의 순간에 순환이 반복으로 변한다는 진술을 보면 순환은 부정적 의미, 반복은 긍정적 의미를 갖는 것 같다. '반복'의 반복 불가능성에 대한 게시를 통해 '순환'이라는 환각을 타파한다는 진술을 보면 순환은 자연법칙처럼 불가피한 것이지만 반복은 그것이 되풀이되지 않게 만들 수 있다고 말하려는 것 같다.

왕후이의 의견을 충분히 존중하지만 필자는 각성-무화의 과정에서 어떻게 각성이 발생했는가만큼이나, 혹은 그보다 더 많이, 어떻게 각성이 무화되었는가가 중요하며, 각성의 순간 순환이 반복으로 변하고 반복의 반복 불가능성이 게시된다는 점 이상으로 무화의 순간 반복의 불가피성이 실현된다는 점이 중요하다고 생각한다. 왕후이와 필자는 서로 강조점을 달리하는 것인데, 루쉰과 『아Q정전』은 서로 다른 두 강조점을 다 포함하면서 어느 한 쪽의 손도 들어주지 않는다. 그것이 루쉰이고 그것이 『아Q정전』이며 바로 여기에 왕후이나 필자의 한계가 있을 것이다.

7 『아Q정전』의 현재적 의미

루쉰이 1926년에 발표한 산문 「아Q정전은 어떻게 씌어졌는가」에는 다음과 같은 구절이 나온다.

중화민국 원년은 이미 지나가 버려서 추적할 수 없지만, 앞으로 다시 개혁

이 있게 되면 아Q 같은 혁명당이 또 나타나리라고 나는 믿는다. 사람들이 말하는 것처럼, 내가 과거의 어느 한 시기를 그려 냈을 뿐이기를 나 역시 몹시 바라는 바이지만, 내가 본 것이 현대의 전신(前身)이 아니라 그 후, 혹은 20, 30년 후일까 봐 나는 두렵다.

과연 루쉰의 통찰력은 놀랍다. 1926년으로부터 30년 뒤면 1956년 무렵이 되는바 그해에 이른바 백화제방 백가쟁명이 있었고 바로 그 다음 해에 반우파 투쟁이 있었으며 이어서 대약진 운동이 나왔고 그로부터 몇 년 더 지난 뒤 문화 대혁명이 나왔다. 그뿐이겠는가? 문화 대혁명이 끝나고 시작된 이른바 개혁 개방, 1989년의 천안문 사건, 1990년대 이후의 사회주의 시장 경제, 그리고 관료 자본주의의 모순 심화, 정치적 독재의 강화, 국가주의의 팽창 등으로 특징지어지는 현금의 중국 사회[17] 등은 모두 다 루쉰이 본 것의 계속되는 반복이라 할 수 있지 않겠는가.

왕후이도 다음과 같이 말하며 이 점을 분명히 지적하였다. "1990년대는 루쉰이 묘사한 사회 현상이 대규모로 부활한 시대인 동시에 루쉰을 배척하는 흐름도 정점에 도달한 시대였다." 누가 루쉰을 배척한다는 것인가? 루쉰에 의해 공격적 풍자의 대상이 되었던 사람들과 똑같은, 오늘날의 지배 계급이 루쉰을 배척한다는 것이다. 왕후이의 지적은 예리하다. 다만 1950, 60, 70년대, 중국에서 흔히 전(前) 30년이라고 부르는 시대에 대해 왕후이가 침묵하거나 은연중 변호하는 데 대해서는 동의하기 어렵다.[18]

최근 중국의 유행어들 중에 짜오지아런(趙家人)이라는 말과 "너

도 짜오씨 자격이 있냐(你也配姓趙)?"라는 말은 『아Q정전』 제1장의
다음 장면에서 비롯되었다.

"아Q, 너 이 개 같은 놈! 네가 나를 네 일가라고 말했더냐?"
아Q는 입을 열지 않았다.
짜오 나으리는 점점 더 화가 나서 몇 발자국 뛰어나오며 말했다. "어디다
대고 허튼소리냐! 나에게 어떻게 너 같은 일가가 있을 수 있겠느냐? 네 성
이 짜오냐(你姓趙麼)?"
아Q는 입을 열지 않고 뒤로 물러나려고 했다. 짜오 나으리가 달려들어 그
의 따귀를 한 대 때렸다.
"네가 어떻게 짜오씨일 수 있냐(你怎麼會姓趙)! 네가 어디가 짜오씨 자격
이 있냐(你那裏配姓趙)!"

짜오지아런은 오늘날 중국의 지배 계급을 가리킨다. 챠오무(喬
木)라는 이름으로 인터넷에 게시된 글 『누가 진정한 '짜오지아런'인
가』에 따르면(이 챠오무가 베이징 외국어대학 교수 챠오무인지 아닌지는 확
인하지 못했다.) '혈통 좋고, 권력 있고, 돈 있고, 공금을 제멋대로 쓰고,
공유(公有) 자산을 자기들끼리 공유(共有)하고, 죄를 짓고도 벌을 받
지 않는 것'이 짜오지아런의 특징이다. 그래서 실제로 성이 짜오인 사
람이 오히려 자기는 짜오지아런이 아니라고 말하는 웃지 못할 사태
가 발생한다. 짜오지아런에게 지배당하는 수많은 사람들이 오늘날의
아Q다. 루쉰의 아Q(각성 이전의)가 "혁명당은 곧 반역이며 반역은 곧
자기를 곤란하게 만드는 것이라고 생각"하고 그래서 혁명당을 "깊이

증오하고 극히 원망"한 것처럼 오늘날의 아Q는 '헌정민주파(당연히 다른 것들을 예로 들 수도 있다.)는 곧 반당(反黨)이며 반당은 곧 자기를 곤란하게 만드는 것이라고 생각'하고 그래서 헌정민주파를 '깊이 증오하고 극히 원망'한다. 어쩌면 이렇게 똑같은지 놀라울 정도이다.

그런데 이 아Q들 중 많은 사람이 자신도 짜오지아런에 속한다고 생각(착각)한다. 이 비유에 따라 말하자면, 그들은 자신이 짜오씨인 줄로 생각(착각)하는 것이다. 그들을 '짜오씨 아Q(姓趙阿Q)'라고 부른다면, '짜오씨 아Q'들은 짜오지아런을 지지하고 아Q를 경멸하며, 아Q의 각성을 비난하고 심지어 증오한다. 짜오지아런은 그런 그들을 배제하지 않고, 오히려 대놓고 그렇게 하라고 부추긴다. 100년 전의 짜오지아런보다 지금의 짜오지아런이 훨씬 더 교활해진 것이다. 그리하여 『아Q정전』에서는 짜오 나으리가 짜오씨라 자처한 아Q를 욕하면서 "네가 어디가 짜오씨 자격이 있냐."라고 말했지만, 오늘날은 각성한 사람들이 '짜오씨 아Q'들을 풍자적으로 비판하면서 "너도 짜오씨 자격이 있냐?"라고 묻게 되었다.

이것이 중국만의 일일까? 필자는 그렇게 생각하지 않는다. 한국이나 미국도 무엇이 다를 것인가? 정도의 차이가 있다 하더라도 오십보백보, 도토리 키 재기가 아니겠는가? 최근 필자가 본 한국의 한 판타지 소설에서 판타지 세계의 왕이 현대 한국 사회에 대해 다음과 같이 말한다.

그곳은 참 기이한 곳이오. 온 나라가 노예로 가득한 곳이오. 대충 가늠컨대 천에 다섯을 제외한 나머지는 모두 노예라 할 수 있소. 대부분의 노예들은 자신이 노예라는 자각이 없소. 다들 하나같이 자신을 자유민이라 여기고 있지.(실탄, 『리미트리스 드림』)

그렇다. 우리는 자신을 자유민이라고 여기는 노예, 또 하나의 아Q인지 모른다. 소비 사회의 자발적 노예이며 (철학자 한병철 교수의 말에 따르면) '피로사회'에서 무한한 착취를 당하고 있으면서도 그런 줄 모르는, 우리에 대한 부당한 지배를 우리 자신이 정당화해 주는, 그런 자해(自害)의 메커니즘 속에 깊숙이 잠겨 있는 어리석고 불쌍한 존재가 아니냐, 라고 아Q가 우리에게 묻는다.

전형준   서울대학교 중어중문학과를 졸업하고 동 대학원에서 석사 및 박사 학위를 받았다. 1982년 《경향신문》 신춘문예 문학 평론 부문에 당선되어 평단에 나온 뒤, 《우리 시대의 문학》과 《문학과사회》 편집 동인으로 활동했다. 현재 서울대학교 중문과 교수로 재직하고 있으며 문학과지성사 편집 위원으로 활동하고 있다. 저서로 『현대 중국문학의 이해』, 『현대 중국의 리얼리즘 이론』 등의 학술서와 『지성과 실천』, 『문학의 빈곤』 등의 문학비평집이 있고 루쉰의 『아Q정전』, 왕멍의 『변신 인형』 등을 우리말로 옮겼다. 소천비평문학상과 현대문학상, 팔봉비평문학상을 수상했다.

39

리얼리즘 소설의 대표작

발자크의 『고리오 영감』 읽기

이동렬 (서울대학교 명예교수)

오노레 드 발자크(Honoré de Balzac, 1799~1850)
프랑스 투르에서 태어났다. 소르본 대학에서 법학을 공부했으나 20세 때 가족들의 반대를 무릅쓰고 문학의 길로 들어설 것을 결심, 약 10년간 독서와 습작, 경제적 독립에 전념했다. 그러나 손대는 사업마다 실패하고, 소설을 써서 빚을 갚아 나가는 등 평생 고생하였다. 30세에 역사 소설 『올빼미당』을 발표하고 이후 20년 동안 수많은 작품을 썼다. 갖가지 인간 삶을 그린 소설 90여 편을 서로 엮어 전체가 하나의 거대한 작품으로 구성되도록 한 작품집 『인간극(La Comédie humaine)』은 세계 문학의 걸작으로 남았다. 주요 작품으로 『고리오 영감』, 『외제니 그랑데』, 『절대의 탐구』, 『사라진 환상』 등이 있으며 모두 '인간 희극'에 포함되어 있다.

1 『인간극』의 구성

발자크의 소설 작품에 대해 얘기할 때에는 그의 방대한 작품군인 『인간극』의 구조부터 살펴보는 것이 한 방편일 수 있다. 1842년 발자크는 그때까지 쓴 소설과 앞으로 쓰려고 구상한 소설 작품 137편을 『인간극』이라는 제목하에 묶으면서, 긴 서문을 붙여 그 구성에 대해 설명하고 있다. 발자크가 1850년 51세의 나이로 일찍 서거했기 때문에 애초의 방대한 『인간극』의 구상은 다 완성되지 못했다. 편집자의 방침에 따라 작품 수에 약간씩 가감이 있기는 하지만, 오늘날 『인간극』에 편입되는 작품의 수는 90편 내외를 헤아린다. 12권으로 출판된 정평 있는 플레이아드(Pléiade)판 『인간극』을 예로 들자면, 거기에는 89편의 소설 작품이 수록되어 있고, 그 외에 25편의 미완성 초고가 덧붙어 있다. 『인간극』에 포함되는 작품들 이외에도 발자크는 무명의 젊은 시절에 쓴 여러 편의 가벼운 소설들, 9편의 연극 작품, 30여 편의 콩트 등 실로 엄청난 양의 작품을 써낸 작가이다.

　『인간극』의 구성을 열거해 보면 다음과 같다.

제I부　풍속 연구(Études de Mœurs)

　　　사생활 정경(Scènes de la vie privée)

　　　지방 생활 정경(Scènes de la vie de province)

　　　파리 생활 정경(Scènes de la vie parisienne)

　　　정치 생활 정경(Scènes de la vie politique)

　　　군인 생활 정경(Scènes de la vie militaire)

　　　　　　　　　　　　　　　　　　리얼리즘 소설의 대표작

전원생활 정경(Scènes de la vie de campagne)

제II부 철학적 연구(Etudes philosophiques)

제III부 분석적 연구(Études analytiques)

문학 작품의 이러한 체계화는 발자크 이전에는 볼 수 없었던 새로운 시도라고 할 수 있다. 발자크 애호가 중에는 이 체계화에서 그의 독창성과 천재성을 보며 감탄과 찬양을 표하는 사람들이 있다. 발자크 연구자 가운데『인간극』의 구성에 대해 의문을 표시하거나 그 분류 체계를 비판적으로 고찰하려는 시도는 발견되지 않는다. 그렇지만 여기에서『인간극』의 구성이 얼마간 불균형의 양상을 보인다는 지적을 하고자 한다.

우선 풍속 연구, 철학적 연구, 분석적 연구라는『인간극』의 세 범주 사이에 서로 잘 대응되지 않는 개념상의 애매성이 문제될 수 있을 것이다. 그러나 일단 이 문제는 차치하더라도, 세 범주 사이에는 양적 불균형이 대단히 심하다.『인간극』은 대부분이 풍속 연구이고, 일부분이 철학적 연구, 그리고 극히 일부분이 분석적 연구로 구성되어 있다. 플레이아드판『인간극』을 기준으로 보면, 12권 가운데 풍속 연구가 아홉 권을 차지하며, 철학적 연구가 두 권 정도의 분량이고, 분석적 연구는 한 권에도 못 미치는 작품 세 편, 600여 쪽 분량으로 구성되어 있다.『인간극』은 미완이지만, 발자크의 애초 구상대로『인간극』이 완성되었다 해도 구성상의 양적 불균형에는 큰 차이가 없었을 것이다. 작품의 양이 본질적 요소가 아니라고 하더라도, 체계적 분류에서 이러한 심한 양적 불균형은 부조화의 인상을 주게 마련이다.

여섯 개의 정경(Scènes)으로 구분되어 있는 풍속 연구에서도 각 정경 사이의 양적 불균형 문제를 지적할 수 있다. 풍속 연구의 대부분은 사생활 정경(27편), 지방 생활 정경(10편), 파리 생활 정경(19편)의 세 부분이 차지하고 있다. 이에 반하여 정치 생활 정경은 네 편, 군인 생활 정경은 두 편, 전원생활 정경은 네 편뿐이어서 양적 불균형은 이 하위분류에서도 두드러진다.

좀 더 심각하게 제기되는 의문은 분류의 기준에 관한 것이다. 사생활이란 분류가 있으면 거기에 대응되는 공적 생활 정도의 분류를 떠올릴 수 있겠는데, 다음에는 지역적 범주인 지방 생활과 파리 생활이라는 분류가 나오고, 뒤이어서 인간의 활동 영역 내지 직업적 영역에 속하는 정치 생활과 군인 생활이라는 분류가 나오며, 마지막으로는 또다시 지역적 개념에 속한다고 할 수 있는 전원생활이라는 분류로 넘어가는 것이다. 여섯 개의 정경으로 나뉘는 풍속 연구의 하위 구분에서는 분류 개념의 층위가 달라서, 정경의 구분이 대단히 임의적인 것으로 보인다.

풍속 연구에 속하는 많은 작품의 정경별 배치가 과연 논리적으로 타당한가 하는 의문이 드는 것은 이와 같은 분류 기준의 모호함에서 기인한다고 할 수 있다. 작품의 성격과 그 작품의 정경별 구분에서 엄밀한 상관관계를 발견하기는 쉽지 않다. 사생활 정경은 상당 부분 다른 정경을 내포하거나, 적어도 다른 정경과 연계되는 개념일 것이다. 총 27편으로 풍속 연구에서 가장 많은 부분을 차지하는 사생활 정경의 작품 중 어떤 것은 다른 정경으로 분류되어도 무리가 없어 보인다. 예를 들어 우리의 분석 대상인 『고리오 영감(Le Père Goriot)』만 해도 처음에는 파리 생활 정경으로 분류되었다가 나중에 사생활 정경으로 바뀌었는데, 이 작품을 다시 파리 생활 정경으로 배치한다고 해도 작품의 내용으로 보아서는 무리가 없을 것이다.

다른 정경에 속하는 작품 중에서 사생활 정경으로 재분류해도 무방해 보이는 작품들도 있다. 예를 들어 파리 생활 정경으로 분류된 『종매 베트(*La Cousine Bette*)』나 전원생활 정경으로 분류된 『골짜기의 백합(*Le Lys dans la vallée*)』을 사생활 정경 속에 넣는다 해도 어색하지 않을 것이며, 심지어 철학적 연구에 속하는 『절대의 탐구(*La Recherche de l'absolu*)』나 분석적 연구에 속하는 『결혼 생리학(*Physiologie du mariage*)』 같은 작품을 풍속 연구의 사생활 정경으로 옮긴다 해도 이의를 제기하기는 쉽지 않을 것이다. 사생활 정경 이외의 다른 정경에서도 분류상의 문제를 지적할 수 있다. 대작인 『잃어버린 환상(*Illusions perdues*)』은 지방 생활 정경으로 분류되어 있는데, 이 작품의 절반 정도는 파리를 무대로 하고 있어서 과연 이런 분류가 타당한지 의구심을 품을 수 있을 것이다.

이상의 이유로 『인간극』은 논리적 엄밀성이 결여된 얼마간 자의적이고 애매한 분류 체계로 이루어져 있다는 인상을 지우기 힘들다. 물론 발자크의 작품들을 『인간극』의 체계와 연관시키지 않고 읽을 수도 있다. 『인간극』의 구성상의 애매성이 발자크 작품 하나하나의 질을 훼손하는 결점이라고 말할 수는 없을 것이다. 따라서 『인간극』의 구성을 그 자체로서 작가 발자크를 비판적으로 보는 논거로 삼기는 곤란할 것이다. 『인간극』의 분류 체계는 적어도 독자 일반에게 발자크의 방대한 작품 목록을 정리해 보여 주는 유용한 도구의 역할을 한다.

2 『고리오 영감』의 대표성

어떤 작가의 다수의 작품 가운데 대표작 한 편을 고르는 것은 쉬운 일이 아니다. 독자들의 취향이나 전문 연구자들의 비평적 잣대가 동일한 경우는 흔하지 않기 때문이다.『인간극』처럼 작품 세계가 방대한 경우에는 대표작 선정이 더 어려울 수밖에 없다. 그러나 발자크 논의에서 이 문제는 이미 정리된 것으로 보인다.『고리오 영감』을 발자크의 대표적 작품으로 보는 데에는 폭넓은 합의가 이루어져서, 이제 발자크 문학을 얘기할 때는 그 견해가 일종의 관례처럼 굳어 있을 정도이다. 어떤 이유로 이 한 권의 소설이 방대한『인간극』의 대표작으로 받아들여진 것일까?

발자크의 특징적인 소설 기법 중 하나는 한 소설에 출현했던 인물이 다른 소설에도 다시 등장하는 인물 재등장 기법이다. 작자 스스로 더없이 대담한 시도라고 말하고 있는 이 방법에 의해서 발자크는 자신의 소설 작품들을 각각 독립된 별개의 세계가 아니라 서로 유기적인 연관을 갖는 하나의 전체로 만들 생각이었다.『고리오 영감』은 이 인물 재등장 기법이 처음 시도된 작품인데, 이것이 이 소설을『인간극』의 대표작으로 만드는 중요한 이유의 하나일 것이다.

호적부와 경쟁을 벌이겠다는 야망을 표명한 바 있는 발자크는 엄청난 수의 인물을 작품에 등장시키고 있다. 한 통계에 의하면『인간극』에 나오는 허구의 인물 숫자는 총 2472명에 달하며, 이 가운데 재등장 기법의 적용을 받는 인물은 573명이라고 한다.『고리오 영감』에 등장하는 인물 가운데 뉘싱겐은 서른한 편의 소설에 이름이 나오

리얼리즘 소설의 대표작

며, 비앙숑은 스물아홉 차례, 라스티냐크는 스물다섯 차례나 되풀이
해 등장한다. 의사이자 발자크 애호가였던 페르낭 로트(Fernand Lotte)
는 『인간극』에 등장하는 인물들의 모든 자료를 상세히 조사해 사전
으로 편찬하였는데, 그것이 『인간극의 허구 인물 전기 사전(*Dictionnaire
biographique des personnages fictifs de la Comédie humaine*)』이다. 『인간극』을 읽
어 낸다는 것은 이 사전을 끊임없이 참조하면서 오랜 세월을 요하는
길고 힘든 작업일 것이다.

　발자크의 묘사 기법이 가장 전형적으로 드러나는 소설이라는 점
또한 『고리오 영감』을 『인간극』의 대표작으로 꼽는 이유가 될 수 있
다. 사람과 그가 처한 환경 사이에는 밀접한 상관관계가 있다는 결정
론적 사고의 소유자였던 발자크는 사건 전개에 앞서 소설의 서두를
긴 배경 묘사로 채우는 경우가 흔하다. 『고리오 영감』은 이 묘사가 철
저하게 방법론적으로 실현된 전형적 작품이라고 할 수 있다.

　작품을 열면서 독자는 그 무대인 보케르 하숙집이 있는 구역, 거
리, 그리고 뒤이어 하숙집 자체의 긴 묘사와 마주치게 된다. 역사적
유적으로 가득 찬 아름답고 화려한 파리의 전통적 이미지와는 완전
히 대조되는 음침한 거리, 지하 묘지를 탐사할 때와 같은 비감을 자아
내는 황량하고 음울한 뇌브생트주느비에브가(街)를 묘사한 다음, 그
거리의 모습과 상응하는 보케르 하숙집의 묘사가 이어진다. 발자크
는 하숙집의 외관에서 시작해서 내부로 들어가 살롱과 식당과 부엌
을 차례로 묘사하면서 하숙집의 모습을 해부해 보인다. 그리하여 "시
정(詩情)이라고는 없는 비참, 인색하고, 농축되고, 꾀죄죄한 비참이
도사리고 있는"[1] 보케르 하숙집의 전모가 드러나게 된다.

아직 탐사되지 않은 파리의 기괴한 괴물같이 제시되는 보케르관(館)에는 거기에 상응하는 사람들이 살고 있다. 일찍 죽은 남편으로부터 "울기 위한 두 눈과 살아갈 이 집과, 그리고 어떠한 불행에도 동정하지 않을 권리"[2]만을 물려받았다는 과부 보케르 부인이 운영하는 이 하숙집은 "가슴을 뜨겁게 뒤흔들어 놓는 소름 끼치는 드라마"[3]가 펼쳐지기에 안성맞춤의 무대이다. 거기에 살고 있는 하숙인 대부분은 "인생의 폭풍우에 저항해 온 체질, 냉랭하고 무뚝뚝하며 유통 정지된 동전의 표면처럼 마모된 얼굴 모습"[4]을 하고 있는 인물들이다. 보케르 하숙집의 다소 장황한 묘사는 이 인물들이 벌이게 될 드라마를 준비하는 예비 과정이라고 할 수 있겠는데, 그 과정의 제시가 발자크 기법의 대단히 전형적인 예라는 점이 『고리오 영감』을 발자크의 대표적 작품으로 만드는 한 요인이 되는 것이다.

『고리오 영감』은 작가로서의 발자크의 생애에서 전환점을 이루는 시기의 작품이다. 1827년 사업이 실패하여 막대한 빚을 지게 된 발자크는 다시 문학에 투신하여 소설을 쓰게 되는데, 후에 『인간극』에 포함될 본격적인 소설이 나오기 시작한 것은 『마지막 올빼미당원(Le Dernier Chouan)』과 『결혼 생리학』이 출판된 1829년부터였다. 그러나 발자크 연구자 대부분은 이 작가가 원숙한 경지에 이른 시기를 1834년경으로 보고 있다. 저명한 발자크 연구자의 한 사람인 피에르 바르베리스(Pierre Barbéris)는 이 시기에 발자크가 형성과 낭만주의의 시기를 지나 고유한 의미로서의 발자크적인 소설가가 되었다고 말하고 있다. 1834년 전후로 발자크는 『외제니 그랑데(Eugénie Grandet)』, 『루이 랑베르(Louis Lambert)』, 『세라피타(Séraphîta)』, 『랑제 공작부인(La

리얼리즘 소설의 대표작

Duchesse de Langeais)』 등 오늘날까지도 널리 읽히는 명작들을 양산하는데, 『고리오 영감』은 이 시기를 특징짓는 작품이라고 할 수 있다. 권위 있는 발자크 학자인 모리스 바르데슈(Maurice Bardèche)는 "발자크의 이전 작품에 비교하면 『고리오 영감』은 일종의 요약이며, 그의 미래 작품에 비교하면 그것은 일종의 예고이다."[5]라고 말하고 있다. 발자크는 자신의 소설에서 감상 없는 냉정하고 투철한 현실 인식을 보여 줌으로써 19세기 프랑스의 대표적 리얼리즘 작가가 될 수 있었는데, 그런 면모가 비로소 특징적으로 형상화된 작품 또한 『고리오 영감』이라고 할 것이다.

이상의 간단한 설명에서 밝힌 바처럼 작가의 생애와 거대한 『인간극』의 세계에서 차지하는 중심적 위치로 인해서 『고리오 영감』은 발자크의 대표작으로 별 이의 없이 받아들여지는 것으로 보인다. 그러나 더 중요한 이유는 소설 작품으로서의 흥미와 가치에 있을 것이다. 잘 쓰인 재미있는 소설이 아니라면 『고리오 영감』이 결코 대작가의 대표작으로 평가받을 수 없었을 것이다. 이 작품은 우선 치밀하게 짜인 단단한 구조의 소설이라는 인상을 준다. 보케르 하숙집의 상세한 묘사로 시작되는 도입부에서 구성원들이 차례로 떠남으로써 하숙집이 와해에 이르는 결말 부분까지 『고리오 영감』은 빈틈없는 구성을 보여 주는 한 편의 완결된 소설로 평가받을 만한 작품이다. 이 작품의 소설적 흥미와 가치에 대해서 더 자세히 살펴보자.

3 부성애의 화신 고리오

작품 제목이 명시하는 바와 같이 이 소설은 우선 고리오라는 인물의 이야기이며, 그 이야기가 소설의 주요한 흥미를 이루고 있다. 1834년 9월 처음 이 소설을 구상할 때, 발자크는 딸들에게 버림받고 비참하게 죽어 가는 한 노인의 비교적 단순하고 짤막한 일대기 구성을 생각했다고 한다. 집필 과정에서 분량이 늘어나고 구조가 복잡해져서 『고리오 영감』은 마침내 『인간극』의 대표작인 현재의 모습으로 완성되었지만, 고리오의 이야기는 여전히 소설의 중심적인 한 뼈대를 이루고 있다. 하숙생들의 면모가 차례로 소개되는 소설 앞부분에서 이 인물은 다음과 같이 제시된다.

> 뇌브생트주느비에브가에 그가 자리 잡은 지 4년째 되는 해에는, 그는 더 이상 처음의 그의 모습과는 닮지 않아 보였다. 채 마흔도 안 돼 보였던 62세의 이 선량한 제면업자, 쾌활한 거동이 행인들에게 즐거움을 주었고, 젊은 면모가 배어 있는 미소를 머금었던, 퉁퉁하고, 기름지고, 우둔함으로 활기가 있었던 이 부르주아가 이제는 얼빠지고, 휘청거리며, 희끄무레한 70대 노인으로 보였다. 그처럼 생기가 넘쳤던 그의 푸른 두 눈은 희미한 철회색을 띠었고, 창백해졌고, 더 이상 눈물을 흘리지 않았으며, 붉은 눈 가장자리는 피눈물을 흘리는 것처럼 보였다. 그는 어떤 사람들에게는 공포심을 불러일으켰고, 또 다른 사람들에게는 동정심을 불러일으켰다. 젊은 의대생들은 그의 아랫입술이 밑으로 쳐진 것에 주목하고 그의 안면각 정점을 측정해 보고 나서, 그를 한참 동안 윽박질러 보았으나 아무 대답도 끌어내

리얼리즘 소설의 대표작

지 못한 연후에, 그가 크레틴병에 걸렸다고 선언했다.[6]

　처음 보케르 하숙집에 들어올 때의 건강하고 유복했던 모습과 극
도로 대조되는 영락과 황폐의 모습은 고리오 영감의 정체에 대해 여
러 가지 억측을 자아낸다. 하숙인들은 그를 투기꾼, 노름꾼, 이자 놀
이 해 먹는 수전노, 또는 타락한 늙은 난봉꾼으로 추측하며 쑥덕거린
다. 이 인물의 정체는 하숙인들에게와 마찬가지로 독자들에게도 의
문으로 떠오른다. 『고리오 영감』의 서두에는 고리오와 아울러 또 하
나의 수상쩍은 인물 보트랭의 정체가 수수께끼처럼 제시되는데, 이
두 가지 수수께끼가 풀려 가는 과정이 소설적 흥미의 일부를 이룬다.
　여기서 우리는 추리 소설적 흥미를 연상시키는 발자크 소설 기
법의 한 예를 볼 수 있다. 수수께끼 같은 플롯을 제시하여 독자의 궁
금증을 자아낸 후 그것을 풀어가는 줄거리의 소설 구조 말이다. 『인
간극』에서는 이런 구조 내지 유사 구조의 소설과 종종 마주치게 된
다. 『어둠 속의 사건(Une ténébreuse affaire)』이라든지 『현대사의 이면
(L'Envers de l'histoire contemporaine)』, 『창녀의 영화와 비참(Splendeurs et misères
des courtisanes)』 같은 소설을 두드러진 예로 들 수 있을 것이다. 물론 발
자크의 소설이 탐정이 등장하여 범죄를 논리적으로 추론해 해결하
는 추리 소설의 정석적 구조와 엄밀히 대응되는 것은 아니다. 그러나
『인간극』의 여러 소설을 지탱하는 재미의 하나는 분명히 추리적 흥미
인 것으로 보인다. 『고리오 영감』에서 고리오의 정체를 밝히는 것을
일종의 탐정의 역할이라고 한다면, 그 임무를 수행하는 것은 이 소설
의 중심인물 라스티냐크이다.

테세우스를 미궁으로 인도하는 아리아드네의 실처럼 보케르 하숙집과 상류 사교계를 오가며 파리의 미궁으로 독자를 인도하는 역할의 라스티냐크가 고리오라는 수수께끼를 풀어낸다. 이 정체를 알수 없던 인물은 본래 하층민 출신으로서, 프랑스 혁명의 와중에 비상한 장사 수완을 발휘해서 막대한 재산을 축적한 일종의 벼락부자였다. 일찍 상처한 그는 오직 두 딸에 대한 사랑으로 인생을 살아가는 인물이다. 그는 막대한 지참금을 주고 두 딸을 각각 귀족과 은행가에게 출가시킨 후, 자신은 얼마간의 노후 자금을 마련하여 사업에서 은퇴한다. 딸들이 속한 상류 사교계에 적응할 수 없었던 그는 보케르 하숙집에 거처를 정하는데, 배은망덕하고 이기적인 딸과 사위들의 희생물이 되어 하숙집에서 비참하게 일생을 마친다. 자신의 생활비로 남겨 두었던 약간의 돈마저 딸들에게 철저히 착취당한 후 초라한 하숙방에서 개처럼 죽어 가는 것이 고리오 영감의 일대기인 것이다.

고리오 영감은 딸들에 대한 사랑을 유일한 존재 이유로 살아가는, 부성애의 화신이라고 할 수 있는 인물이다. 그의 딸 사랑은 광적이고 병적인 것으로서, 그는 마치 철없는 어린애가 연인을 숭배하듯이 자기 딸들을 사랑한다. 고리오 영감은 마차를 타고 나들이하는 딸들의 아름다운 모습을 행인들 사이에 끼여 바라보기 위해서 샹젤리제 거리에 종일토록 서서 기다리기도 하는 기이한 노인이다. "그 애들이 내 눈알을 파내겠다고 요구하면, '그래 파내라!' 하고 나는 말했을 거야."[7]라고 그는 자신의 딸에 대한 사랑을 얘기한다. 임종의 자리에서 오지 않는 딸들을 애타게 부르며 원망 섞인 울부짖음을 내뱉는 고리오 영감의 모습은 처연함을 자아낸다.

리얼리즘 소설의 대표작

나는 딸들을 너무 사랑한 죄의 대가를 톡톡히 받았소. 그 애들은 나의 애정에 철저히 복수했고, 사형 집행인처럼 나를 고문했단 말이야. 그런데, 아비들이란 참 어리석기도 하지! 나는 딸들을 너무나 사랑해서, 도박꾼이 도박장을 다시 찾듯 나는 항상 그리로 되돌아갔으니. 내 딸들은 나의 악덕이었소. 그 애들은 나의 정부(情婦), 요컨대 모든 것이었지![8]

이 단말마의 외침도 다 딸들에 대한 그리움의 표현인 것이지만, 어쨌든 고리오 영감의 이야기는 부모의 자식 사랑에 대한 일종의 교훈담이 될 수 있을 것이다. 우상 숭배와도 비유될 만한 광적인 자식 사랑이 자식들의 방종을 키워 고리오의 딸들은 임종의 고통에 시달리는 부친을 방치한 채 무도회에 나가며, 부친의 장례식에도 끝내 모습을 드러내지 않는다. 현대의 세련된 소설 독자들은 더 이상 소설을 교훈담으로 읽지 않게 되었지만, 『고리오 영감』이 분별 있는 가족애에 대한 교훈의 성격을 띠고 있다는 사실은 부인하기 어려울 것이다.

그러나 고리오 영감의 이야기는 한 아버지의 이야기를 넘어서서 인간 정열의 비극을 그리고 있다. 『인간극』은 무엇보다도 정열적 인간들의 보고(寶庫)라고 할 수 있다. 우리는 『인간극』의 도처에서 특정한 정열에 사로잡힌 편집광적 인물들을 만나게 된다. 권력, 돈, 도박, 발명, 예술, 혹은 애욕이 그들의 정열의 대상이 된다. 그들은 자신의 한 가지 정열에 모든 것을 바치는 노예처럼 살아가는 인물이라고 할 수 있다. 『고리오 영감』은 자기 딸들에 대한 사랑이라는 정열의 노예가 되어 처절하게 파멸하는 한 인간 유형을 그리고 있는 소설이다.

4   젊은 주인공의 변모

『고리오 영감』은 부성애의 비극을 그린 것 이상으로 젊은 주인공이 사회와 부딪쳐 변모해 가는 과정을 그린 소설이다. 하나의 중심인물에게 모든 것이 집중되는 구조를 특징으로 하는 스탕달의 소설과 달리 발자크의 소설들은 대체로 복수의 인물이 이니셔티브를 나누어 갖는 구조를 보여 준다. 『고리오 영감』에서는 고리오, 보트랭, 라스티냐크가 각각 하나의 중심축을 이루고, 이 세 인물 이외에 보세앙 부인 및 고리오의 두 딸이 비중 있는 인물로 등장해서 파리 상류 사회의 이면과 실상을 드러내는 역할을 하고 있다. 이 가운데 라스티냐크는 흔히 다른 두 중심인물의 역할을 능가하는 인물로서, 작품의 처음에서부터 끝까지, 그리고 보케르 하숙집부터 파리의 대 귀족 사회까지 도처에 출현하면서 줄거리 전개에 중심 역할을 할 뿐만 아니라, 자신의 주위에 독자의 관심과 흥미를 불러 모음으로써 주인공이란 명칭에 진정으로 부합하는 인물이라고 할 수 있다.

파리로 올라가 성공을 추구하는 지방 출신 젊은이들의 이야기는 『인간극』에서 익숙한 주제의 하나인데, 라스티냐크의 경우도 그 범주에 속한다. 그는 작가 발자크의 출생 연도와 같은 해인 1799년 프랑스 남부 샤랑트현에서 라스티냐크 남작 부부의 다섯 남매 중 장남으로 태어난 것으로 설정되어 있다. 그는 법학을 공부하기 위해 파리로 올라가 보케르 하숙집에 기거하는데, 파리 유학 비용을 대기 위해 그의 가족 다수는 궁핍을 겪으며 희생을 감내한다. 몰락한 시골 소귀족의 장자로서 가족의 희생을 대가로 공부하면서, 그 가족의 희망과 기

리얼리즘 소설의 대표작

대를 한 몸에 짊어지고 있는 상황이 이 청년을 결정짓는 중요한 조건의 하나이다. 그의 가정 환경이 일찍부터 그를 성급한 사회적 지망자로 만드는 것이다. 작품에 나온 표현에 의하면, 그는 "부모들이 그들에게 거는 희망을 어린 시절부터 이해하는 청년들, 진작부터 그들의 학업의 가치를 계산하고, 사회를 쥐어짤 제1인자가 되기 위해 사회의 미래의 움직임에 미리부터 그 학업을 적응시키면서 자신의 멋진 운명을 준비해 가는, 불행 때문에 공부에 단련된 그런 청년들"[9] 가운데 하나이다.

이 젊은 야심가는 남부 프랑스 출신 특유의 강인함을 가지고 "기묘한 진흙탕"[10]에 비유되는 파리 사회에 도전한다. 신속한 출세를 꿈꾸는 젊은이에게 대부분의 사회가 그렇듯 1820년 무렵 왕정복고하의 프랑스의 사회 현실도 결코 수월한 것이 아니다. 젊은 야심가 라스티냐크에게 냉엄한 현실주의를 고취하며, 자신의 범죄 계획 속으로 그를 유혹하려는 보트랭은 다음과 같은 신랄한 표현으로 이 사회의 가혹한 현실을 요약한다.

급속한 출세가 당신과 같은 처지에 있는 5만 명의 청년들이 해결해야 할 당면 문제인 것이오. 당신은 그 숫자의 한 단위요. 당신이 해야 할 노력과 전투의 치열함을 잘 생각해 보시오. 5만 개의 좋은 자리가 없기 때문에, 당신들은 항아리 속의 거미들처럼 서로서로를 잡아먹어야 할 것이오.[11]

신속한 출세를 꿈꾸는 젊은 야심가가 치열한 경쟁 사회와 빚어내는 갈등의 드라마가 『고리오 영감』이란 소설의 중심 주제의 하나이다. 젊은이가 사회에 나가 사회와의 접촉으로 변모하고 성장하는 과정을 그리는 소설은 서양 전통 소설에서 흔한 유형의 하나인데, 프랑스 문학에서는 이런 유형의 소설을 교육 소설(roman d'éducation) 내지 수련 소설(roman d'apprentissage)이라는 용어로 규정하는 것이 보통이다. 젊은 주인공 라스티냐크에게 초점을 맞출 경우 『고리오 영감』은 교육 소설의 한 예가 될 수 있는 소설이다.

교육 소설에는 일반적으로 젊은 주인공을 인도하는 교사 역의 인물이 출현한다. 작품의 줄거리 전체와 등장인물 모두가 어떤 식으로든 젊은 주인공의 성장과 변모에 작용하게 마련이지만, 『고리오 영감』에서는 특히 보트랭과 보세앙 자작 부인 두 인물이 젊은 주인공 라스티냐크의 의식에 직접적으로 영향을 미치는 교사 역으로 출현하고 있다.

신분을 감추고 사는 도형수 출신의 보트랭은 일체의 환상 없이 사회를 바라보는 냉정한 현실주의자로서, 자신의 견해를 라스티냐크에게 전수하고자 할 뿐만 아니라, 이 젊은이를 자기 뜻대로 조종하려고 한다. 이 노회한 인물이 바라보는 사회는 철저하게 비도덕적인 사회이다. 그는 "원칙이란 없고, 사건들만 존재하는 것이오. 법이란 없고, 상황만이 존재하는 것이오. 뛰어난 인간은 사건과 상황에 결합해서 그것들을 이끄는 것이지."[12]라고 사회상을 진단하면서, 라스티냐크에게 적나라한 출세주의를 주입하려고 한다. 다음의 신랄한 진술에서 볼 수 있는 바와 같이, 보트랭이 생각하는 출세한 사람이란 도덕률과 정의를 대담하게 짓밟고, 거리낌 없이 부정을 자행하는 인물이며, 사회는 그런 인물들을 뒷받침하는 구조일 뿐이다.

거기에서는 마차를 타고 진흙에 더럽혀지는 사람들은 신사들이고, 걸어 다니며 진흙에 더럽혀지는 사람들은 사기꾼들이지. 불행한 일이겠지만, 거기에서 뭐든지 하나를 훔쳐 보시오. 그러면 당신은 재판소 마당에 구경거리로 내놓이게 될 것이오. 백만금을 훔쳐 보시오. 그러면 당신은 살롱에서 덕망 높은 사람으로 주목받을 것이오. 이런 도덕을 유지하기 위해서, 당신들은 경찰과 법원에 3000만 프랑을 지불하는 것이라오. 참 재미있는 일이지!13

라스티냐크와 먼 친척 관계로 연결되는 보세앙 자작 부인은 파리 사교계의 대귀족으로서 라스티냐크를 사교계로 인도하는 인물이다. 라스티냐크를 향한 이 우아한 귀부인의 훈계는 노골적이고 조야한 보트랭과 달리 정중하고 세련된 어투이기는 하지만, 내용은 다를 것이 없다. "당신은 성공할 거예요. 파리에서는 성공이 모든 것이죠. 그것은 바로 권력의 열쇠입니다."14라는 보세앙 부인의 말 속에는 아무 유보 없는 출세주의의 권유가 담겨 있다. 귀부인의 신분에 대한 경외감과 자신의 후견인인 친척에 대한 신뢰감 때문에 보세앙 부인의 훈계는 보트랭의 설교 이상으로 라스티냐크에게 깊은 영향을 남긴다.

우여곡절을 겪기는 하지만 라스티냐크의 행로는 결국 두 교사 역의 훈계를 추종하여 파렴치한 출세주의를 체득하는 것으로 귀결된다. 애초에 그는 귀족 신분으로 태어난 젊은이답게 관대하고 성실하며 순수한 감성을 간직한 젊은이의 일면을 보여 주기도 한다. 그러나 그는 점차 젊음의 매력과 신선함을 잃고 젊음의 긍정적인 특징들이 마멸된 경화된 인간상으로 변해 간다. 그는 열심히 공부함으로써 자신의 능력으로 성공하겠다는 덕성스러운 다짐을 타락의 고비에서 여러 차례 되풀이하기도 하지만, 그가 가는 길은 결국 손쉬운 영합의 길이다. 즉 사교계에 투신하여 여성의 영향력을 이용하는 방법으로서, 처음부터 그에게 떠올랐던 두 가지 출세 수단 가운데 쉽고 편안한 방법인 것이다.

라스티냐크는 고리오 영감의 둘째 딸이며 은행가 뉘싱겐의 부인인 델핀의 정부가 되기에 이른다. 마침내 "파리의 루비콘 강"[15]을 건넜다고 표현되는 이 행위에 의해서 젊은 주인공은 양심의 마지막 섬세성을 내던지게 된다. 그가 델핀의 정부가 되는 것이 반드시 거짓 감정에 의한 위선적 행위는 아니라 할지라도, 그 애정 관계에는 처음부터 타산성이 개재해 있어서 『고리오 영감』은 연애 소설의 관점에서는 별 흥미가 없는 소설이다. 정열적 사랑이 없는 남녀 관계가 재미있는 연애 소설이 될 수는 없는 것이다. 뉘싱겐 부인에게 접근하는 라스티냐크의 속마음은 다음과 같이 기술되고 있다.

드 뉘싱겐 부인이 나에게 관심을 갖는다면, 나는 그녀에게 자기 남편을 조종하는 방법을 가르쳐 주겠다. 그 남편은 금융 사업을 하고 있으니, 그는 단번에 재산을 모으도록 나를 도와줄 수 있을 것이다.[16]

이 불순한 생각 속에 『고리오 영감』 이후 라스티냐크의 행로가 함축되어 있다고 할 수 있다. 보세앙 부인의 연애의 종말과 고리오 영감의 비참한 죽음이 이미 타락의 길에 접어든 라스티냐크의 영혼에 마지막 타격을 가한다. 세상이란 비루하고 사악한 것임을 확인시키

리얼리즘 소설의 대표작

는 현실 앞에서 라스티냐크의 감정 교육은 완성되어 간다. 애인에게 배신당하고 시골로 은거하는 보세앙 자작 부인을 전송한 후 라스티냐크가 춥고 습한 새벽길을 걸어 보케르 하숙집에 돌아왔을 때, 작자는 "그의 교육은 끝나 가고 있었다."[17]라고 쓰고 있다. 이 젊은이 또한 자신이 빠져 있는 타락의 늪을 잘 의식하고 있어서, 친구 비앙숑을 향해서 이렇게 절규한다. "이보게, 자네는 자네의 욕망을 절제한 겸허한 운명을 추구하게. 나는 지옥에 빠졌어. 그리고 이 지옥에 머물러 있어야겠네. 사교계에 대해 어떤 지독한 얘기를 듣더라도, 그것을 믿게!"[18]

라스티냐크는 끝내 나타나지 않는 딸과 사위들을 대신해 자신의 시계를 저당 잡힌 돈으로 혼자서 고리오 영감을 장사 지낸다. 암울한 비극의 울림을 갖는 소설의 이 마지막 장면은 라스티냐크가 자신의 젊음을 장사 지내는 장면이기도 하다.

> 해는 넘어가고 있었고, 축축한 황혼이 신경을 자극했다. 그는 무덤을 쳐다보며 그의 청춘의 마지막 눈물을 거기에 묻었다. 순수한 영혼의 성스러운 감동에서 흘러나온 눈물, 떨어져 내린 땅으로부터 하늘에까지 튀어 오르는 그런 눈물이었다.[19]

이처럼 젊은이로서의 마지막 눈물을 뿌린 라스티냐크의 영혼은 이미 젊은이의 것이 아니다. 그는 이 눈물과 더불어 젊음의 모든 것을 장사 지낸 것이다. 이렇게 젊은 주인공의 교육은 완성된다. 이러한 교육의 결과에서 발자크는 사회의 압도적인 유해한 영향을 보여 주며, 사회의 사악함을 고발하고 있다. 페르라셰즈(Père-Lachaise) 묘지에 서서 불빛이 반짝이기 시작하는 파리 시내를 내려다보며, "이제 우리 둘의 대결이다."[20]라고 외치면서, 그 사회에 던지는 첫 번째 도전으로서 뉘싱겐 집으로 저녁 식사를 하러 직행하는 라스티냐크에게서 우리는 『고리오 영감』 이후의 그의 모습을 추측할 수 있다.

진정한 의미에서의 교육은 심원한 자아의 계발과 개화를 의미한다. 그러나 『고리오 영감』에 나타난 젊은 주인공의 변모는 사회 현실과 다수의 여론에 인간 개성이 복속되는 결과를 보여 줄 뿐이다. 따라서 이 작품을 교육 소설이라고 일컬을 경우, 그것은 지극히 부정적인 의미에서의 교육 소설일 것이다. 이 교육의 결과 라스티냐크는 프랑스 문학사상 가장 인상적인 야심가의 한 전형이 된다. 그는 『고리오 영감』 이후에도 스무 차례 이상 많은 작품에 등장하지만, 『고리오 영감』의 말미에서 짐작할 수 있는 대로 추한 출세주의자로서의 면모를 보여 줄 뿐이다. 앞서 소개한 바 있는 페르낭 로트의 『인간극의 허구 인물 전기 사전』에 의거해 이 인물의 일대기를 간단히 요약하면 다음과 같다.

라스티냐크는 뉘싱겐 부인과의 애정 관계를 지속하면서 파리 사교계의 타락한 댄디 청년들 가운데 하나로 나태한 삶을 영위한다. 그는 정부의 남편인 뉘싱겐의 환심을 사서, 1827년에는 이 은행가가 꾸민 금융 사기극의 하수인이 되어 막대한 돈을 번다. 그는 많은 지참금을 마련하여 두 누이동생을 결혼시키고, 남동생 하나는 주교로, 매제 하나는 대사로 출세시킨다. 정계에 진출해 빠른 출세 가도를 달리던 라스티냐크는 1838년에는 자기 정부의 딸이며 막대한 재산의 상속녀인 오귀스타 드 뉘싱겐과 결혼한다. 1845년이 되면 이 야심가는 현란

리얼리즘 소설의 대표작

한 성공의 결과 백작의 작위, 프랑스 상원 의원의 신분, 법무 장관의 직위, 연 수입 30만 프랑에 이르는 부 등 자신의 야망 모두를 전취하기에 이른다.

이것은 찬란한 출세담이라고 할 수 있겠지만, 『고리오 영감』이후 라스티냐크는 더 이상 흥미로운 소설 인물이 되지는 못한다. 무감각하고, 깊은 불신에 차 있으며, 냉정한 완성품으로서 더 이상 변화의 가능성이 없는 이 인물에게 독자의 호기심을 불러일으킬 요소는 별로 남아 있지 않은 것이다. 따라서 그는 에피소드적 인물로서 소설 줄거리 중간중간에 짧게 언급될 뿐, 더 이상 소설의 중심인물이 될 수는 없는 존재이다. 한 발자크 연구자의 표현에 의하자면 『고리오 영감』이후 라스티냐크의 모습은 "댄디, 여자 등쳐 먹고 사는 놈, 사르트르적 의미로서의 비열한 젊은이, 추잡한 출세주의자"[21] 정도로 규정될 수 있다.

독자는 젊은 주인공의 이와 같이 아름답지 못한 변모를 얼마간 동정적으로 이해할 수 있을는지도 모르겠다. 그의 가족적 상황은 애처로운 점이 있으며, 그가 처한 사회적 환경 또한 가혹한 것이기 때문이다. 라스티냐크 당사자 편에서도 자신의 타락에 대해 약간의 변명의 여지가 있을 것이다. 그는 부를 획득할 수 있는 가장 빠르고 손쉬운 방법, 즉 보트랭의 교묘한 범죄적 제안에는 끝내 저항할 수 있었다. 그의 변모는 교사 역의 두 인물인 보트랭과 보세앙 부인의 염세적 사회관을 수용한 것을 의미하지만, 이 강인한 젊은이는 그들에게 일방적으로 조종당한 것이 아니다. 그는 사회 현실과 고통스럽게 부딪치면서 인간과 세계에 대한 자신의 성찰에 의해 그런 사회관을 스스로 획득한 셈이다. 라스티냐크를 고독한 인물로 규정하면서, "그의 유일한 정당화는 아마도 모든 것을 자기 자신에게만 의거한 것이 될 것이다."²²라고 말하는 바르베리스의 견해는 타당해 보인다.

그러나 프랑스 문학이 산출한 이 유명한 야심가를 비판에서 전적으로 면제해 줄 논거는 어디에서도 발견되지 않을 것이다. 당장 『고리오 영감』 내에서도 젊은 주인공의 행태가 타락임을 뚜렷이 부각하는 반대 항의 인물이 제시되고 있다. 라스티냐크의 하숙집 동료이며 후에도 그의 친구로 남게 될 비앙숑의 삶의 자세는 라스티냐크와 대조적이다. 궁핍한 처지의 의과 대학생이지만, 비앙숑은 부정직한 수단에 의한 빠른 출세를 결코 꿈꾸지 않는다. 용기와 헌신으로 가득 찬 이 청년은 왕성한 애지(愛知) 정신과 탐구욕으로 공부에 몰두하는 사람이며, 『고리오 영감』 이후에도 유능하고 덕성스러운 의사로서 많은 작품에 되풀이해 등장한다. 이 인물의 창조자인 발자크가 임종의 병석에서 "비앙숑이 있으면, 나를 구할 텐데."라고 말하면서 그를 찾았다는 일화가 전할 정도로 비앙숑은 『인간극』의 유명한 명의가 된다. 『고리오 영감』의 중반부에서 조급한 성공의 욕망으로 전전긍긍하는 친구 라스티냐크를 향하여 비앙숑은 다음과 같이 대꾸한다.

나는 평범하게 내 아버지의 뒤를 이어 갈 시골에서 꾸미게 될 보잘것없는 생활에 만족할 거네. 인간의 감정이란 가장 조그만 범위에서나 거대한 범주에서나 마찬가지로 충족될 수 있는 거야. 나폴레옹도 저녁을 두 번 먹지 않았고, 성 프란체스코 수도회 병원에서 인턴 노릇 하는 의과 대학생보다 더 많은 애인을 거느릴 수도 없었어. 이봐, 우리의 행복은 언제나 우리의

리얼리즘 소설의 대표작

발바닥에서 뒤통수 사이에 있는 거야.[23]

비앙숑이 후일 덕성스러운 의사로서 헌신적인 삶을 이어 갈 수 있었던 것은 이런 겸허한 자세가 밑받침되었기 때문일 것이다. 비앙숑이 평화로운 내면을 누리며 지내는 데 반하여 라스티냐크는 일찍이 댄디로 변모하는 와중에서부터 "겉으로는 화려하지만 회한이라는 촌충에 뜯어 먹히며, 그 덧없는 쾌락도 끊임없는 고뇌로 비싼 대가를 치러야 하는 그런 생활"[24]에 시달리게 된다. 이 작품은 부정직한 출세의 길이 영혼의 안식을 희생해야 하는 괴로운 삶의 길임을 보여 준다.

19세기의 소설 주인공들은 사회와의 결별이나 사회로부터의 후퇴를 통하여 이 세상은 나쁘거나 아니면 적어도 사람이 살기에 충분히 좋지 못하다는 것을 증언하는 경우가 일반적이다. 뤼시앵 골드만 (Lucien Goldmann)이 이른바 '문제적 주인공(héros problématiques)'이라고 정의한 바 있는 이들 주인공과 달리 라스티냐크는 사회 질서 속으로 통합되는 극히 예외적인 소설 주인공이다. 발자크는 이런 예외적 인물의 창조를 통하여 사회를 그려 내고, 그 사회를 비판하는 예외적 작가라고 할 수 있다.

5   물질적 가치관

『인간극』은 19세기 프랑스 사회의 충실한 기록이며 그 사회에 대한 탁월한 역사적 증언으로 평가받는다. 『인간극』에 포함되는 작품

가운데는 물론 프랑스 대혁명 이전이나 또는 혁명기를 배경으로 하는 작품도 소수 있다. 예를 들어 『추방자들(Les Proscrits)』은 중세인 14세기 초가 배경이고, 『카트린 드메디시스(Sur Catherine de Médicis)』의 1부와 2부는 16세기를 배경으로 하며, 『공포 정치 시대의 어떤 일화(Un épisode sous la Terreur)』는 혁명의 와중인 1793년이 시대 배경이다. 이런 예외적인 몇몇 작품을 제외한 『인간극』의 작품 대부분은 작자 발자 크와 동시대인 19세기가 시대적 배경이 되어 있다. 프랑스 대혁명이 빚어 놓은 19세기 프랑스 사회 가운데에서도 1815년 이전의 나폴레 옹 제정기가 배경이 되는 작품 수는 비교적 적고, 중요한 작품들 대부 분은 왕정복고(La Restauration, 1814~1830)와 7월 왕정(La Monarchie de Juillet, 1830~1848)기를 시대적 배경으로 하고 있다. 따라서 『인간극』 을 19세기 프랑스 사회의 소중한 기록으로, 그리고 작가 발자크를 위 대한 리얼리즘 작가로 얘기할 때 주로 대상으로 떠오르는 것은 이 시 기가 배경이 되는 작품들이라고 할 수 있다.

이 시대는 영국에 이어 프랑스에서도 산업 혁명이 진행되어, 프 랑스가 농업 사회에서 산업 사회로 서서히 이행되어 가는 시기이다. 아직 농업 사회의 구조가 견고하게 자리 잡고 있지만, 경제에서 차지 하는 농업의 비중이 점차 상공업에 추월당하는 추세를 보이는 것이 이 시기의 프랑스 사회이다. 즉 『인간극』의 주 대상이 되는 것은 초기 산업 사회에 진입한 프랑스 사회라고 할 수 있다.

법적, 정치적 질서로 정립되어 있던 앙시앵 레짐(Ancien Régime) 의 계급 제도는 1789년 대혁명에 의해 종식되고, 혁명 이후로는 법 앞에 만인이 평등이라는 형식 논리가 자리하게 된다. 혁명 후 귀족 계급은 혁명의 희생물이 되어 급속히 쇠락의 길을 걷게 된다. 1814년 왕정복고와 더불어 망명해 있던 귀족들이 돌아와 다시 권력을 잡지만, 그 권력은 일시적일 수밖에 없다. 귀족 계급은 산업 사회의 주역인 부르주아지에게 이미 경제적으로 추월당한 처지였고, 경제적으로 열세인 세력이 오래 권력을 장악하기는 어렵기 때문이다. 1830년 7월 혁명은 대혁명 이전부터 상승의 길을 걸어온 부르주아 계급의 승리를 결정짓는 정치적 사건이라고 할 수 있는바, 이후의 7월 왕정은 부르주아적 질서의 공공연한 군림을 의미한다.

어떤 유형의 사회든 물질적 가치가 중요하게 작용하지 않는 사회가 없겠지만, 특히 산업 사회는 물질적 가치가 지배적 가치로 통용되는 사회라고 할 수 있다. 또한 부르주아와 대척지에서 부르주아의 적나라한 물질적 가치관과는 다른 가치관을 대변할 수 있었던 귀족 계급의 쇠퇴는 이 시대의 프랑스 사회를 더욱 물질적 가치에 매몰되게 한 요인의 하나이다. 대혁명 후 프랑스 사회는 여러 정치 체제가 접종(接踵)하는 격변의 연속이었는데, 이런 혼란한 시대 상황이 최종적으로 믿을 것은 물질적 토대밖에 없다는 생각을 사람들의 의식에 주입한 것도 부인할 수 없는 사실이다.

이상의 여러 사정으로 미루어 왕정복고와 7월 왕정을 주 대상으로 한 19세기 프랑스 사회의 탁월한 기록으로 통하는 『인간극』이 물질적 가치관에 지배되는 세상을 표상하리라는 것은 쉽게 짐작할 수 있다. 더구나 그것은 사업 실패로 막대한 빚을 져서 채권자들에게 쫓기면서 평생 돈에 대한 강박 관념에 시달리며 글을 써야 했던 발자크가 보고 그린 세상이다. 『인간극』은 일반적인 상식의 수준을 넘어설 정도로 물질적 가치관이 가차 없이 지배하는 세계를 보여 준다. 자기 자식의 돈 한 푼까지 악착같이 뺏으려 드는 그랑데 영감과 세샤르 영감 같은 수전노들, 고리대금업자 곱세크나 은행가 뉘싱겐처럼 돈 문제에서는 야수같이 탐욕스럽고 잔인한 인간상이 횡행하는 세계인 것이다. 요컨대 한 발자크 연구자의 표현에 의하면 "『인간극』은 피 대신에 돈이 순환하는 육체"[25]와 같은 것으로서, 극단적인 물신 숭배적 사회를 형상화하고 있다.

발자크의 대표작으로 평가받는 만큼 『고리오 영감』은 『인간극』 전체의 물질 만능의 세태를 반영하는 점에서도 부족함이 없는 작품이다. 이 작품에서 물질적 이해관계에 무관심하거나 초연한 인물은 아무도 없다. 작품의 첫 등장인물인 하숙집 주인 보케르 부인은 "자신의 운명을 완화하기 위해서라면 무슨 짓이라도 할 태세가 되어"[26] 있는 여자로서, 하숙비 액수에 비례해서 대우를 배분하면서 "종신형에 처해진 죄수 같은 하숙인들"[27]을 부양한다. 사회적 패잔병들의 집합과도 같은 하숙인들 사이의 인간관계는 다음과 같이 표현된다.

그들 모두는 각자의 처지에서 비롯되는 불신이 섞인 무관심을 상호 간에 품고 있었다. (……) 그들 사이에 남아 있는 것이라고는 기계적 생활의 관계, 기름기 없는 톱니바퀴의 작동뿐이었다. 그들 모두는 길에서 눈먼 거지를 보아도 똑바로 지나쳐 갈 것이고, 불행의 얘기를 아무 감동 없이 들을 것이며, 더없이 무서운 단말마의 고통에 대해서도 그들을 냉정하게 만든 그 비참의 문제의 해결책은 죽음밖에 없다고 생각할 것이다.[28]

리얼리즘 소설의 대표작

이 황폐한 인간관계는『고리오 영감』에 등장하는 상류 사회 인사들 사이에서도 동일한 원리로 작용하는 것 같다. 이 작품을 처음 접하는 독자들에게 기이하게 보이는 현상의 하나는 상류 사회의 결혼한 부인 모두가 따로 정부를 두고 있는 풍속도일 것이다. 더구나 그 정부들이 종국에는 하나같이 애인을 배반하는 것은 충격적이다. 고리오 영감의 큰딸인 레스토 백작 부인의 정부 막심 드 트라유는 애인에게 계속 도박 빚을 떠넘기다가 끝내 막대한 부채를 남긴 채 종적을 감춘다. 고리오 영감의 둘째 딸 뉘싱겐 남작 부인의 정부 마르세이는 다른 애인을 만나 그녀를 떠나기 때문에 라스티냐크가 그의 후계자가 된다. 라스티냐크에게는 호메로스의 서사시에 나오는 여신처럼 존귀해 보이는 보세앙 자작 부인과 오랜 연인 관계였던 다쥐다 후작은 아마도 지참금이 목적일 결혼을 위해 그녀를 버리고 떠난다.

이런 남녀 관계의 양상도 황금만능 사회의 왜곡된 인간관계를 반영하는 현상이다.『고리오 영감』에 나타난 결혼 풍습은 결혼을 일종의 지참금 사냥처럼 보이게 한다. 고리오의 두 딸은 각각 80만 프랑에 달하는 막대한 지참금을 가지고 출가하는데, 남편들이 그것을 차지하고 내주지 않기 때문에 두 딸은 계속해서 아버지에게 남은 돈을 빼앗아 간다. 지참금을 노리고 결혼한 남편과의 불화로 여자들은 정부를 두고, 그 정부들 또한 대부분 금전적 이해관계 때문에 애인을 배반하는 사회, 연약한 여자들이 계속 희생물이 되는 비속한 물질 사회가『고리오 영감』이 보여 주는 세계이다.

이 소설의 세 중심인물의 운명 또한 결국 돈 문제와 얽혀 있다. 보트랭은 돈의 힘이 전부인 사회의 작동 원리를 젊은 라스티냐크에게 신랄하게 설파하지만, 그 자신도 결국 같은 원리에 의해 희생당한다. 경찰이 이 사람을 집요하게 추적하는 것은 탈출한 도형수를 잡기 위해서라기보다 그가 관리하는 도형수들의 막대한 비밀 자금을 압수하기 위한 것으로 드러난다. 그는 같은 하숙집에 기거하는 노처녀 미쇼노의 밀고로 정체가 노출되는데, 그녀의 행위는 경찰이 제시한 보상금의 미끼에 넘어간 것이다. 보트랭은 스페인 신부 카를로스 에레라의 신분으로 위장하고 『잃어버린 환상』의 말미에 다시 등장하여 『인간극』에서 활약을 계속하겠지만, 이 인물이 체포당해 『고리오 영감』의 무대에서 사라지는 사건 이면에는 이런 금전적 이해관계가 도사리고 있다.

고리오의 드라마 역시 그 핵심에 금전 문제가 놓여 있다. 고리오 영감이 신속히 부를 쌓을 수 있었던 것은 초기 자본주의 사회의 메커니즘을 잘 이용한 것이므로 그는 어느 면에서 그 사회의 수혜자라고 할 수 있다. 그의 비극은 막대한 부를 잘 관리하지 못한 데서 기인한다. 고리오의 임종은 극심한 육체적 고통이나 하숙방의 누추함보다도 사랑하는 딸을 보지 못하는 아버지의 비탄 때문에 더 처절해 보이는데, 노인의 다음과 같은 절규 속에 그 비극의 원인이 잘 드러나 있다. "아! 내가 부자라면, 내가 내 재산을 간직하고 있었더라면, 내가 재산을 그 애들에게 주지 않았더라면, 그 애들은 여기 와서, 키스로 내 두 뺨을 핥을 텐데!"[29] 부모 자식 관계마저 이렇게 왜곡하는 것이 그 세상의 쏩쓸한 진실인 것이다.

앞에서 살펴본 젊은 주인공 라스티냐크의 변모는 물질적 가치관이 지배하는 사회의 슬픈 자화상이라고 할 수 있다. 더구나 『고리오

리얼리즘 소설의 대표작

영감』 이후의 그의 행적은 궁핍한 가문의 장자의 운명만으로 이해하기에는 정도가 지나친 타락처럼 보인다. 『인간극』은 때때로 보통 사람의 상식적 수준을 넘어서는 가혹한 현실을 얘기하면서 병리적 사회를 폭로한다. 당시 발자크의 작품들이 종종 비도덕적이라는 공격을 받았던 것은 아마 그 때문일 것이다. 그러나 발자크의 소설을 19세기 프랑스 리얼리즘 문학의 가장 뛰어난 성과로 인정하는 데 별 이의가 없는 현대 독자들은 『인간극』의 현실을 감상이 배제된 정확한 인식의 결과로 받아들일 수 있을 것이다.

이동렬 서울대학교 불어불문학과와 동 대학원을 졸업하고 프랑스 몽펠리에 대학에서 문학 박사 학위를 받았다. 서울대학교 불어불문학과 교수를 역임하고 현재 서울대학교 명예교수로 있다. 저서로 『스탕달 소설 연구』, 『문학과 사회 묘사』, 『프루스트와 현대 프랑스 소설』, 『빛의 세기, 이성의 문학』 등이 있고 역서로 『고리오 영감』, 『적과 흑』, 『좁은 문·전원 교향곡』, 『여자의 일생』, 『소설과 사회』, 『말도로르의 노래』 등이 있다.

40

『마담 보바리』를 읽는
일곱 가지 방식

플로베르의 『마담 보바리』 읽기

김화영 (고려대학교 명예교수)

귀스타브 플로베르(Gustave Flaubert, 1821~1880)

프랑스 북부 도시 루앙에서 태어났다. 의사인 아버지의 영향으로 어려서부터 고통과 질병, 죽음의 분위기를 체득하며 인간에 대해 깊은 관심을 품었다. 소년 시절 읽은 『돈키호테』에 매료되어 글쓰기에 흥미를 느끼고 몇몇 단편 소설을 습작했다. 파리의 법과 대학에 입학했으나 1844년 간질이 발병하자 루앙 근교에서 요양하며 집필에 전념했다. 1856년 『마담 보바리』를 《르뷔 드 파리》에 연재하는데, 작품 일부가 선정적이고 음란하다는 이유로 작가과 잡지 책임자, 인쇄업자가 기소당했다가 무죄 판결을 받았다. 이후 문학적 명성과 대중적 인기를 함께 누리며 『살람보』, 『감정 교육』, 『순박한 마음』 등을 발표했다. 1880년 5월 『부바르와 페퀴셰』를 미완으로 남긴 채 뇌출혈로 사망했다.

1 서론 —— 플로베르와『마담 보바리』

50살이 되도록 아무것도 발표한 것이 없다가 어느 날 갑자기 자신의 전집을 발표하고 그걸로 전부인 한 사내가 있다면 멋지지 않을까?(1846년 4월 루이 부예에게 보낸 편지)

중학교 시절부터 작가가 되려는 꿈을 키워 온 귀스타브 플로베르는 대학 입학 자격시험(바칼로레아)에 합격한 후 그 뜻을 드러내지만 루앙 시립 병원 외과 과장인 아버지의 강력한 반대에 부딪힌다. 하는 수 없이 그는 아버지의 뜻에 따라 파리 대학 법대에 등록한다. 1843년 성탄절, 2학년 진학이 불가능해지자 플로베르는 문학에 대한 열망을 굽히지 않고 아버지와 격론을 벌이지만 여전히 상황은 변하지 않는다. 며칠 뒤인 1844년 1월 어느 어두운 밤, 마차를 몰고 형 아실과 함께 퐁 레베크 부근을 지나가다가 급격한 신경 발작으로 40여 분간 정신을 잃고 죽음 직전까지 가는 돌발 상황이 벌어진다. 그 후 몇 주 동안 '간질'과 유사한 이 증상이 반복되자 아버지는 강경했던 태도를 바꾸지 않을 수 없었다. 이 발작 사건은 그의 생애 전체에서 가장 중요한 전기가 되었다.

아버지는 대학 공부를 포기하고 집에서 요양해야 하는 아들에게 편안한 환경을 마련해 주기 위하여 루앙에서 그리 멀지 않은 센 강가에 토지와 18세기에 지어진 2층 건물을 매입한다. 이곳이 바로 플로베르와 관련하여 프랑스 근대 문학사에 그 유명한 '고성 낭독실(gueuloir)'과 함께 자주 등장하는 '크루아세(Croisset)'다. 이렇게 하여 귀스타브의 삶은 마침내 문학 쪽으로 완전히 방향을 틀었다. 이러한 최적의 환경에 정착한 플로베르는 우선 1845년 1월 7일, 신경 발작 사건 이전 파리에서 쓰기 시작한 소설 『감정 교육』(버전 1)을 탈고한다. 차츰 건강을 회복한 그는 그때 막 결혼한 누이동생 카롤린(Caroline) 부부(신랑은 귀스타브의 옛 중학 동창 에밀 아마르)의 신혼여행에 가족들과 함께 동행한다. 여행 중에 이탈리아의 제노바에서 브뤼겔의 그림 「성 안토니우스(앙투안)의 유혹」을 보고 큰 감동을 받은 그는 이 성인의 이야기를 글로 쓰기로 결심한다.

1846년 1월(25세) 크루아세로 돌아와 소설의 자료 수집에 열중하고 있을 때 아버지가 사망한다. 두 달 후에는 결혼한 지 얼마 되지도 않은 22세의 카롤린마저 갓 태어난 어린 딸을 남기고 사망한다. 출산 과정에 얻은 열병이 원인이었다. 충격을 받은 아이의 아버지가 거의 광인이 되어 키울 능력이 없었으므로 딸은 외가에 맡겨진다. 귀스타브는 이제 어머니와 어린 조카딸과 함께 크루아세의 넓은 집에 덩그러니 남는다. 조용한 환경 속에서 아버지가 남긴 연금으로 걱정 없이 살면서 오직 글 쓰는 일에만 몰두할 수 있게 되었지만 그는 고통을 견딜 수가 없어 파리로 간다. 이때 그는 유명한 조각가 프라디에(James Pradier)의 집에서 미모의 시인 겸 소설가 루이즈 콜레(Louise Colet, 플루티스트인 이폴리트 콜레의 아내)와 처음 만난다.

이듬해인 1847년 플로베르는 친구 막심 뒤 캉(Maxime Du Camp)과 함께 브르타뉴를 여행하고 돌아와 두 사람 합작으로 여행기 「들판으로 모래톱으로(Par les champs et par les grèves)」를 집필하지만 이 책은 다만 문체 연습 정도였으므로 발표는 하지 않았다. 대신 1848년 5월

24일부터 새로운 소설 『성 앙투안의 유혹(Tentation de Saint Antoine)』을 집필하기 시작하여 1년 반 만인 이듬해 1849년 9월 중순에 탈고한다. 오로지 문학에만 전념하기로 한 새로운 삶의 결실이었다. "이 작품을 위한 노력은 『마담 보바리』에 필요했던 정신적 긴장의 5분의 1도 채 되지 않았다. 그건 그야말로 일종의 배출구였다. 글 쓰는 즐거움뿐이었다. 그래서 그 작품 500페이지를 쓰며 보낸 18개월은 내 생애에서 가장 깊은 관능적 쾌락을 맛본 시간이었다."(1853년 4월 6일 루이즈 콜레에게 보낸 편지)

사실상 그에게는 첫 창작품다운 작품인 만큼 그는 독자의 반응을 알고 싶었다. 즉시 두 친구 뒤 캉과 부예를 크루아세로 불러 하루 여덟 시간씩 장장 사흘 동안 그들 앞에서 큰 소리로 낭독했다. 즐거움과 동시에 호기심, 불안, 두려움으로 가득한 그의 앞에 내놓은 두 친구의 평은 가혹했다. 특히 평소에 소심한 성격이지만 문학에 관한 한 가차 없는 절친 루이 부예의 평은 결정적이었다. "이건 불속에 집어 던지고 다시는 거론하지 말아야 한다."라는 것이었다. 주제가 너무 산만하고 막연하여 집중할 수도 통제할 수도 없는 형국이다, 거침없이 내면의 격정을 쏟아 내고, 주제를 벗어나 불필요하고 즉흥적인 여담을 장황하게 늘어놓는 필자의 성향을 고려할 때 그보다는 더 세속적, 현실적이고 평범한 서민 생활을 보다 자연스럽고 친근한 톤으로 그리는 다른 작품을 써 보라는 것이 두 친구의 충고였다. 플로베르는 크게 실망하고 상처도 받았지만 친구들의 혹평과 충고에 승복했다. 어쨌든 이 가혹한 평은 젊은 그의 내면과 그때까지 시험적으로 써 본 작품들 (중학교 및 대학교 공부 사이에 틈틈이 쓴 「어떤 광인의 회상」, 「스마르」, 『감정 교육』(버전 1), 「11월」 등으로, 스스로 실패작으로 여겨 발표하지 않았다.)
에 넘쳐나던 서정적, 감상적, 낭만적 성향을 극복하고 진정한 창조자,
즉 오늘날 우리가 알고 있는 엄격한 문체의 표상 플로베르로 변신하
는 데 크게 기여한 것이 사실이다.

플로베르는 20대가 끝나 가는 것을 느끼면서 미래에 대한 계획을
세우고자 한다. 그는 인생의 전환기를 맞고 있다는 생각을 한다. 그러
나 아직 아무런 준비도 되어 있지 않았다. 다만 막심과 동방 여행 계획
을 세워 놓고 있었으므로 몇 주일 뒤면 떠나야 했다. 1849년 11월 4일
두 친구는 마르세유에서 나일호에 승선, 알렉산드리아로 향한다. 이
집트, 팔레스타인, 시리아를 거쳐 1년 반이 지난 1851년 6월에야 그
들은 동방 여행에서 돌아온다. 1850년 11월 여행 중인 콘스탄티노플
에서 플로베르는 친구 루이 부예에게 편지를 보낸다. "나는 모든 사
람이 내 나이가 되면 자신의 사회적 삶과 관련하여 느끼게 마련인 어
떤 것을 나의 내면의 문학적 상태와 관련하여 느낀다." 『마담 보바리
(*Madame Bovary*)』의 집필 계획은 이런 그의 문학적 반성의 결과라고 할
수 있다.

이제 『마담 보바리』의 역사가 시작되려고 한다. 1851년, 30세에
그는 비로소 "문학에 입문"하려고 한다. 즉 처음으로 '발표'를 목적
으로 하는 소설을 쓰는 일에 몸을 던지는 것이다. 플로베르에게 있
어서 이것은 새로운 단절이었다. 그때까지 노트, 에세이, 소설, 콩트,
단편 소설, 희곡 등 대표작을 쓰기 전에는 발표하지 않을 생각인 수
천 페이지가 서랍 속에 쌓여 있었지만 서른 살이 가까워 오도록 발
표한 작품은 한 편도 없는 처지였다. 『성 앙투안의 유혹』(제1버전)의

혹평에 이어 두 친구들에게서 '평범한' 주제의 '벌과(罰課)'를 받아 놓고 1851년 9월에야 작업에 착수한 플로베르는 초장부터 자신의 기질과는 판이한 그 주제를 작품으로 구성해 내는 데 따르는 고통, 이제는 유명해진 저 "스타일을 창조하는 단말마적 고통"을 끊임없이 호소하기 시작한다.

"이 빌어먹을 보바리 때문에 나는 괴롭다 못해 죽을 지경이다……. 나는 지겹고 절망적이다……. 기진맥진한 상태다……. 보바리가 나를 때려눕힌다……. 태산을 굴리는 듯 지겹다……. 정말이지 보바리는 따분해서 견딜 수가 없다." 이 대목은 1852년 6월에 쓴 편지 속에서 인용한 것으로 작가의 신음 소리는 수년에 걸친 집필 기간 동안 그칠 줄을 모른다. 그동안 그는 정오경 잠자리에서 일어나 간단한 식사와 우편물 읽기, 조카딸 카롤린의 학습 교사 노릇 등으로 두 시간을 보낸 다음 오후 2시경 집필 시작, 저녁 7~8시경 간단한 저녁 식사, 그리고 집필을 다시 시작하여 새벽 2~3시경에 작업을 마쳤다. 그러고도 잠자리에 들기 전 장문의 편지를 쓰는 시간을 가졌다. 이런 생활이 『마담 보바리』를 쓰는 5년 가까운 세월 동안 변함없이 계속된다. 그동안 그가 집을 비운 기간은 1851년 가족과 함께 영국 여행 며칠, 루이 나폴레옹의 쿠데타를 지켜보며 파리 체류 3주, 그리고 1853년 트루빌 체류 1개월이 전부였다.

『마담 보바리』를 포함해 플로베르의 소설들은 프랑스 문학의 걸작들 가운데서도 그 발생 과정을 지극히 소상하게 확인할 수 있는 예외적인 경우의 하나다. 플로베르가 어떤 방식으로 어떤 과정을 거쳐

『마담 보바리』를 집필했는지를 증언해 주는 것은 무엇보다도 루이즈 콜레와 주고받은 서한들이다. 그들은 1846년 7월 28일에 처음으로 만나 1848년 3월까지 서로 사랑하는 사이가 된다. 그 후 3년간 헤어져서 지냈지만 다행으로 1851년 작가가 동방 여행에서 돌아온 지 며칠 뒤인 9월 20일부터 『마담 보바리』를 집필하는 상당 기간 동안 화해하여 다시 만났다. 그들은 일주일에 적게는 2회, 많은 경우 3~4회 편지를 교환하였으므로 그 편지를 바탕으로 하여 『마담 보바리』가 집필되는 방식과 시기를 확연히 알 수 있다. 다만 플로베르가 루이즈에게 보낸 편지는 1854년 4월 29일에 끝이 난다. 두 사람이 결정적인 불화로 헤어진 것이다. 그때부터 소설 집필 사정을 알려 주는 주된 정보는 그 무렵 파리에 가서 살게 된 친구 루이 부예에게 보낸 편지들이 대신하게 된다. 한편 루이즈가 플로베르에게 보낸 편지는 "너무 끔찍한 내용들이 적혀 있다"는 이유로 조카딸 카롤린이 불태워 버렸다. 그녀는 그리하여 많은 플로베르 연구자들의 원망의 대상이 되었다. 귀스타브는 또한 어린 시절의 친구인 에른스트 슈발리에와 뒤 캉, 드 샹트피 양 등에게도 편지를 보낸다. 오늘날 코나르판으로 출판된 플로베르의 서한집(후에 플레이아드판으로 재출간되었다.) 전체 13권 중 이 무렵의 편지들을 모은 것은 세 권으로 "작가의 가장 탁월한 소설들과 맞먹는 흥미"의 대상이다. 특히 루이즈 콜레와 이토록 많은 편지를 주고받게 된 데는 그들 특유의 만남의 방식이 작용했다. 플로베르는 사실 루이즈와의 관계에 집필의 많은 시간을 빼앗긴 것은 아니었다. 왜냐하면 그가 그들의 관계를 철저하게 관리했기 때문이다. 3개월마다 그는 파리와 크루아세의 중간 지점인 망트(Mantes)로 가서 루이즈를 만났다. 그들은 여인숙에서 몇 시간을, 기껏해야 하룻밤을 같이 보냈다. 때때로 파리에서 만나기도 했지만 마찬가지로 짧은 시간을 함께 지냈을 뿐이고 그가 파리에서 머무는 시간도 2~3일을 넘지 않았다. 따라서 그들은 편지로 서로의 사랑을 확인하지 않으면 안 되었다. 많은 전기 작가들이 비판하는 바와 달리 루이즈는 플로베르가 강요한 그 같은 사랑의 규칙과 방식을 받아들였고 이해했다.

오늘날 우리에게 참으로 중요한 것은 플로베르가 그 기간 동안에 쓴 편지의 내용이다. 그 편지들은 한편으로 놀라울 정도로 풍부한 문학적 일화적 내용으로 가득 차 있다. 붓 가는 대로 자유롭게 쓴 이 편지들은 플로베르의 정치적 예술적 사회적 견해, 그가 알고 지냈거나 기억나는 인물들에 대한 그의 판단과 편견들, 그리고 집필 작업이 그에게 자아내는 높고 낮은 감정들의 기복에 대한 기록을 담고 있다. 다른 한편 (이 부분이 가장 중요한 것이지만) 그 무렵 편지들은 작가 자신이 실제 창작 행위의 점진적인 결과물로서 태어나는 작품과 맞물려 그 구조를 갖추어 가는 그의 소설 이론을 발전시키고 있다. 이는 미리부터 어떤 이론을 구축하고자 쓴 것이 아니라 전적으로 자연 발생적인 그때그때의 성찰을 자유롭게 기록한 것이어서 더욱 흥미롭다. 그래서 때로는 그 내용들이 서로 모순을 드러낼 수도 있다. 플로베르는 이 편지들이 장차 수신인 이외의 다른 사람들에게 읽힐 것이라고는 짐작하지 못했을 뿐만 아니라 그 속에서 자신이 쓰고 있는 소설의 역사, 나아가서는 그의 세기의 가장 혁명적인 문학 이론의 초안을 잡고 있다는 것을 알지 못했을 것이다. 플로베르는 1854년 초에 문학 이론과 실천 사이의 상호 작용, 즉 모든 창조적 작품은 그 작자가 의식하건 않건 간에 은연중에 글쓰기, 텍스트의 구조, 그리고 픽션과 현실 사이의 관계에 대한 일반적인 개념을 내포한다는 사실을 발견했다. 『마담 보바리』 집필 2년 반의 경험을 쌓고 난 다음 1854년 1월 그는 루이즈 콜레에게 이렇게 썼다. "써야 할 각 작품은 반드시 찾아내어야 할 그 자체의 시학을 가지고 있다."

『마담 보바리』는 작가가 정확하게 1851년(30세) 9월 19일에 쓰기 시작하여 56개월(4년 7개월 11일) 뒤인 1856년 4월 30일에 완성한 작품이다.(자필 원고의 표지에 기록된 날짜에 따른 계산이다.) 이 시간은 작가 생존 동안 출판된 소설의 각종 판본에 가한 수정과 삭제에 든 시간은 포함하지 않은 것이다. 예를 들어 1862년에 단권으로 나온 레비판 초판은 최초의 원본과 비교하여 플로베르 자신이 수정한 대목만 무려 208군데나 된다.

『마담 보바리』와 관련하여 그가 남긴 2000여 장의 원고는 평소에 자신의 모든 원고와 집필 흔적을 거의 편집광에 가까운 주의를 기울여 보관하고 기꺼이 친구들에게 보여 주기도 했던 작가 자신의 세심한 관리 덕분에 현재 루앙 시립 도서관에 그 모두가 빠짐없이 보관되어 있다. 그중 (1) 46장의 큰 종이는 집필 이전에 세밀하게 작성하여 발전시킨 3종의 작품 '시나리오'와 작품의 '설계'에 대한 것으로 논증, 인물들의 신체적 특징, 성격, 부의 분할 등을 기록한 것이고, (2) 1788장의 초고는 전면과 후면에 걸쳐 기록되어 있는데 그 여백에는 지우고 보탠 대목들로 가득 차 있다. (3) 이상의 초고에서 깎고 다듬어 건져 낸 487장이 작품의 최종적인 원고다. 소설을 탈고하여 1856년

12월 《르뷔 드 파리(Revue de Paris)》에 연재를 시작했을 때 그의 나이는 35세였다.

내 원고들이 나와 마찬가지로 오래 살아남기를, 그게 내가 바라는 전부다. 내게 너무 큰 무덤이 필요하다는 게 유감이다. 원시인이 자신의 말과 함께 묻히듯이 나는 내 원고들과 함께 묻히게 될 것이다. ─ 사실 내가 이 기나긴 평원을 건너지르는 데 도움이 된 것은 이 불쌍한 페이지들의 글이다.(1852년 4월 3일 루이즈 콜레에게 보낸 편지)

2 글쓰기와 스타일 ─ "무에 관한 책"

플로베르는 이전의 낭만적인 서정성과는 관계를 끊어 버렸다. 그는 흔히들 영감이라고 부르는 "과열 현상"이나 "상상력의 가면무도회"를 경계했다. "다른 책들을 쓸 때 옷고름을 풀어헤친 채 자유자재였던 만큼 이번 책을 쓰는 동안에는 나는 단추를 꼭꼭 잠그고 기하학적일 만큼 똑바른 선을 따라가려고 노력한다. 따라서 서정성을 배제하고 의사 표시를 삼가며 작자의 개성이 드러나지 않도록 한다."(『서한집』, 1852년 2월 1일) 그는 또한 이렇게 말했다. "개인적인 것, 친밀한 것, 상대적인 것이여 영원히 안녕! 훗날 내 회고록을 쓰겠다고 했던 옛 계획은 나를 떠났다. 젊은 날의 애착들은 내게 더 이상 아름답지 않다. 그 모든 것은 다 죽고 다시 소생하지 말라! 무엇하려고? 한 인간은 한 마리 벼룩보다 더할 것이 못 된다. 우리의 기쁨들은 고통들과 마찬가지로 우리의 작품 속에 흡수되어야 한다. 우리는 태양이 증발시켜 올려 보낸 이슬의 물기를 구름 속에서 알아보지 못한다. 땅에 내린 비여, 흘러간 날의 눈물들이여, 증발하라, 그리하여 하늘에서 햇빛이 속속들이 파고든 거대한 소용돌이가 되어라."(1853년 8월 26일 루이즈 콜레에게 보낸 편지)

"하늘에서 햇빛이 속속들이 파고든 거대한 소용돌이"의 언어적 표현인 『마담 보바리』는 단순히 자신의 타고난 기질과 시대적 감성을 극복한 의지의 승리일 뿐만 아니라, "자신이 몸 바치고 있는 예술의 본질과 조건에 대한 한 예술가의 깊은 성찰의 결실"이었다고 티보데(Albert Thibaudet)는 말했다. 플로베르는 '글쓰기(ecrire)'를 "인간으로 존재하는 한 특별한 방식"이라는 절대적 의미로 이해한 최초의 인물 중 하나다. 글쓰기는 작품의 목표 그 자체다. 출판을 통한 발표는 목표가 아니었다. 그는 이미 1846년에 이렇게 선언했다. "나는 아무것도 출판하고 싶지 않다……. 나는 아무런 저의 없이, 외적인 관심 없이 절대적인 무사 무욕으로 작업한다."

그는 글쓰기에서 가장 중요한 것은 '스타일' 즉 '사물을 바라보는 방식'이라는 작가적 신념을 확고하게 따르면서 루이즈 콜레에게 보낸 편지에서 다음과 같이 말한 것으로 널리 알려져 있다.

Un livre sur rien — 내가 볼 때 아름답다고 여겨지는 것, 내가 실천에 옮겨 보고 싶은 것은 바로 무(無)에 관한 한 권의 책, 외부 세계와의 접착점이 없는 한 권의 책이다. 마치 이 지구가 아무것에도 떠받쳐지지 않고도 공중에 떠 있듯이 오직 스타일의 내적인 힘만으로 저 혼자 지탱되는 한 권의 책, 거의 아무런 주제도 없는, 아니 적어도 주제가 거의 눈에 뜨이지 않는(그런 것이 가능하다면 말이다.) 한 권의 책 말이다. 가장 아름다운 작품들은 최소한의 소재만으로 된 작품들이다. 표현이 생각에 가까워지면 가까워질수록 어휘는 더욱 생각에 밀착되어 자취를 감추게 되고 그리하여 더욱 아름다워지는 것이다.(1852년 1월 16일 루이즈 콜레에게 보낸 편지, 이하 강조는 모두 인용자의 것이다.)

플로베르가 『마담 보바리』의 집필을 통해서 과연 "무에 관한 책"의 실현에 성공했는지에 대해서는 의문이 없지 않다. 그러나 그의 이상이 피에르루이 레(Pierre-Louis Rey)의 말처럼 "모든 사건 사실들은 그 객관적 존재 방식이 비워져 버리고 오직 어떤 의식의 현상들로 환원되어야 하며 오직 스타일만이 그 의식에 의미 있는 진실을 부여할 수 있다."라는 것을 의미한다면 『마담 보바리』는 그 이상에 어느 정도 접근하고 있다고 할 수 있다.

플로베르에게 있어서 스타일은 구체적으로 서술의 화법, 묘사, 대화, 시간 공간성의 처리, 시점, 대칭과 반복의 패턴, 부와 장의 구분, 문장의 리듬, 그리고 최종적으로는 전체적인 통일성 등 창조상의 매우 다각적인 방면의 장치와 노력들을 포함한다.

대화는 직접화법을 활용하여 몇몇 특별한 순간을 부각하는 방식으로 하고 또 다른 대목에서는 간접화법, 혹은 자유간접화법의 배경 속에서 특별히 부각되도록 짧고 드물게 활용된다. 인물의 묘사는 여러 부분에 분산하는 쪽을 택하여 자연스러운 흐름을 만들어 낸다. 시간성의 처리는 반복을 의미하는 반과거 시제의 활용으로 평범한 삶

본래의 반복적 모습과 움직임 없는 사물의 인상을 심어 주도록 하고 있다. 권태의 정체성이냐 아니면 어떤 특별한 순간의 황홀감이냐에 따라 시간은 팽창하고 불어나고 민감해진다. 매우 공을 들인 문체는 비유가 많고 리듬의 효과가 뛰어나며 수사적이고 긴장감이 있다.

"한 권의 책 속에서 문장들은 숲속의 나뭇잎들처럼 비슷하면서도 모두가 다른 모습으로 흔들리게 만들어야 한다."(1854년 4월 7일 루이즈 콜레에게 보낸 편지) 플로베르는 부분들이 서로 결합된 전체의 조화에 노력을 집중하지만 또한 각 문장이 가진 음악적 특징에도 매우 민감했다. 그래서 흔히 자신이 쓴 글을 큰 소리로 읽으면서 고쳐서 전체의 흐름이 이어지도록 했다. 가령 그는 자신의 소설에 등장시킨 '르 주르날 드 루앙(Le Journal de Rouen)'이라는 이름의 신문이 실제로 존재하고 있으므로 이름을 바꾸라는 충고를 받고 "문장의 리듬이 깨진다"는 이유로 오랫동안 거절하다가 소리가 매우 유사한 '르 파날 드 루앙(Le Fanal de Rouen)'이라는 이름을 생각해 내자 이름을 그것으로 바꾸었다.

통일과 조화의 원칙

"플로베르에게 있어서 스타일이란 응집의 원칙이며 통일성으로의 환원이다. 그가 얻어 내고자 하는 것은 최대한 촘촘하게, 최대한 고르게 짠 '천'이며 연속성이다. 즉 '끈질기고 한결같은 태도가 덕목을 이루듯 연속성은 스타일을 이룬다.' 그가 루이즈 콜레나 르콩트 드 릴의 시의 잘못된 곳을 지적할 때 비판하는 대목은 톤이나 색채의 고르지 못함이나 부조화에 대한 것이다." 플로베르가 볼 때 어떤 작품의 탁월함은 작품을 구성하는 진주들이 아니라 그 진주들을 한데 꿰는 실이요 통일된 형태요 흐름이다. 그는 『마담 보바리』를 집필하는 동안 이미 써 놓은 부분을 다시 읽어 보면서 루이즈 콜레에게 보낸 편지에서 이렇게 썼다. "나는 어제 그 모든 것을 다시 읽어 보았소. 그것이 얼마나 형편없는지 깜짝 놀랐소. (……) 각각의 문단은 그 자체로 보면 분명 완벽하다고 여겨지는 페이지들도 있소. 그러나 바로 그렇기 때문에 제대로 굴러가지를 않는 거요. 그건 잘 마무리되고 확정된 일련의 문장들이지만 서로서로를 향하여 비탈로 미끄러지듯이 흘러 들어 가지를 않고 있어요. 그것들을 서로 잇는 연결 고리들을 풀어서 느슨하게 해야 할 것 같소." 예술가가 관심을 집중시키는 부분은 바로 그 연결 고리들이다. 그 연결 고리들은 강하고도 유연해야 하지만 눈에 보이지 않아야 한다. 플로베르는 한없이 세심하게 문단과 문단을 서로 이어 붙이지만 동시에 그 이음새의 흔적을 모두 지워 없애는 데도 무한한 정성을 쏟는다. 그 노력을 그는 건축 과정에 비유했다. "돌과 돌 사이에 묻어나 있는 숱한 시멘트들을 지워 없애지 않으면 안되었다. 그리고 그 이음새가 다시 드러나 보이지 않도록 돌들을 다시 쌓아야만 했다."

이음새가 보이지 않는 장의 구분

작가는 처음부터 소설을 세 부분으로 구분했지만 훨씬 나중에 가서야 비로소 각 부를 여러 개의 장으로 구분했다. 우리의 번역본(『마담 보바리』, 민음사, 2000)을 기준으로 할 때 1부는 9장 91쪽, 2부는 15장 126쪽, 3부는 11장 228쪽으로 그 길이가 서로 다르다. 각 부의 길이는 서술의 내용과 맞물려 점차 길어진다. 그중 1부 8장 보비에사르 성관의 무도회, 2부 8장 농사 공진회, 2부 11장 안짱다리 수술 등 한 장 전체가 동일한 사건이나 장면과 일치하는 경우도 있고 가령 용빌의 단조로운 생활을 그린 2부 3장과 4장, 그리고 6장과 7장처럼 특별한 단절 없이 장과 장의 내용이 서로 이어지는 경우도 있다. 그런가 하면 많은 소설에서 볼 수 있듯이 독자의 호기심을 자극하는 말로 앞의 장이 끝나고 다음 장에서 그 호기심이 해소되도록 하는 경우도 있다. 2부 4장 마지막 문단이 이런 예에 해당한다.

> 엠마 쪽으로 말하면, 자기가 그를 사랑하는지 어떤지 생각조차 해 본 일이 없었다. 연애란 요란한 번개와 천둥과 더불어 갑자기 찾아오는 것이라고 그녀는 믿고 있었던 것이다. 하늘에서 인간이 사는 땅 위로 떨어져 인생을 뒤집어엎고 인간의 의지를 나뭇잎인 양 뿌리째 뽑아 버리며 마음을 송두리째 심연 속으로 몰고 가는 태풍과도 같은 것이라고 말이다. 그녀는 집 안의 테라스에서 물받이 홈통이 막히면 빗물이 호수를 이루게 된다는 것을 알지 못하고 있었다. 그래서 태연히 안심하고 있다가 문득 벽에 금이 간 것을 발견한 것이었다.

엠마는 자신이 레옹을 사랑하는지 어떤지 생각조차 해 보지 못하고 있다. 작가는 정상적인 탈출구를 찾지 못한 채 너무 오랫동안 억눌려 온 감정은 훨씬 더 위험한 다른 곳으로 터져 나오기 쉽다는 사실, 다시 말해서 레옹에 대한 엠마의 사랑을 비유적으로 표현한 '금이 간 벽'의 암시로 4장을 마감하고 있다. 다음 장은 이 암시에 대한 자세한 분석이다. 다음 장 시작 부분에서 엠마는 우선 남편에 대한 강한 멸시의 감정을 느낀다. 이 멸시의 시선은 서서히 레옹에게로 옮아가서 호감으로 변한다.

다음 장은 보바리 부부, 오메, 레옹이 함께 제사(製絲) 공장을 견학하는 장면으로 시작한다.

그(오메)에게 팔을 맡기고 있는 엠마는 그의 어깨에 몸을 약간 기댄 채 멀리 안개 속에서 눈부시면서도 창백한 빛을 발산하고 있는 둥그런 해를 바라보고 있었다. 그러나 고개를 돌리자, 샤를이 거기에 있었다.(Il était là!)[1] 그는 챙 달린 모자를 눈썹께까지 푹 눌러 쓰고 위아래의 두터운 입술을 덜덜 떨고 있었기 때문에 한층 더 바보스럽게 보였다. 그의 잔등을, 그 태연한 (tranquille) 잔등을 보기만 해도 짜증이 났다. 그녀의 눈에는 프록코트에 덮인 그 잔등 위에 그의 사람됨의 진부함이 온통 다 진열되어 있는 것만 같았다.

짜증스러운 기분 속에서도 일종의 잔인한 쾌감을 맛보면서 그녀가 남편을 바라보고 있는 동안 레옹이 한 걸음 앞으로 나섰다. 그는 추위로 창백해졌지만 그 때문에 얼굴엔 한층 더 감미로운 우수가 서린 것 같아 보였다. 넥타이와 목 사이로 조금 느슨해진 셔츠의 칼라가 살을 드러내 보이고 있었다. 한쪽 귀의 끝이 머리칼 다발 밑으로 나와 있고 구름을 쳐다보고 있는 크고 푸른 두 눈이 엠마에게는 산속의 하늘 비친 호수보다도 더 맑고 더 아름답게 보였다.

소설의 이야기를 부와 장으로 구분하는 것은 작가가 그토록 중요시하는 연속성, 통일성에 방해가 될 수 있다. 플로베르는 겉으로 드러나 보이는 사실보다 감정의 연쇄, 즉 의식의 내용이 더 중요하다고 여기는 작가이므로 장의 구분은 문제점을 노출할 수밖에 없다. 일상의 단조로운 생활과 시간의 흐름은 프루스트의 지적처럼 흔히 저 "한결같은 반과거"나 3음절의 반복 사용에 따른 천편일률의 리듬에 의하여 표현된다.

자유간접화법

작품의 부분들을 서로 연결하여 조화로운 전체를 만들어 내도록 "이음새의 흔적을 지워 없애는" 스타일(특히 바라보는 방식, 즉 시점)상의 기법으로 플로베르가 즐겨 사용한 것 중의 하나로 자유간접화법이 있다. 자유간접화법은 어순, 구두법, 그리고 소개하는 동사("……라고 그가 말했다.")가 없다는 점에서는 직접화법과 유사하고 시제와 인칭의 면에서는 간접화법과 유사한 표현 방법이다. 비평가들이 흔히 플로베르의 탁월한 공적으로 평가하는 이 화법은 화자와 인물이 서로 혼동될 정도로 근접한 위치(때로는 서로 구별할 수 없을 정도로)에 있기 때문에 독자가 가끔 지금 말을 하고 있는 것이 인물 자신이라는 인상을 받게 되는 매우 독특한 서술 방법이다. 이 기법은 독자가 거의 알아채기 어려울 정도로 인물의 언술과 화자(작자)의 언술 사이의 이음새를 지우면서 통합하는 데 활용된다.

그러나 문예에는 별로 관심이 없는 보바리 씨는 이 모든 것에 대해서 다 쓸데없는 짓! 이라고 했다. 도대체 그들에게 아이를 공립 학교에 보내서 공부시켜 사무실이나 가게를 열어 줄 만한 뭐가 있기나 한가? 더욱이 사내란 배짱만

두둑하면 세상에 나가서 항상 성공할 수 있는 법이다. 보바리 부인은 입술을 깨물었고 아이는 마을에서 하릴없이 돌아다니기만 했다.(I-1)

위의 문장에서 "도대체 그들에게 아이를 공립 학교에 보내서 공부시켜 사무실이나 가게를 열어 줄 만한 뭐가 있기나 한가?"의 경우가 바로 자유간접화법이다. 여기서 중요한 것은 이 말이 이미 전지적 화자의 말이 아닌 것 같은(왜냐하면 의문문에 의해 그는 이미 전지적인 능력에 손상을 입었으니까) 반면 아직 분명하게 인물의 말인 것도 아닌 불분명하고 애매한 지점, 의문과 혼동이 조성되는 지점이다. 독자는 여기에 등장하는 말이 눈에 보이지 않는 화자의 것인지 아니면 인물이 마음속으로 하는 독백인지 잘 알 수 없다.

허영심 때문이라기보다는 오로지 엠마의 마음에 들기 위해서였다. 그(레옹)는 그녀의 생각에 대하여 이러니저러니 하지 않았다. 그녀의 취미는 모두 받아들였다. 그녀가 그의 정부라기보다는 그가 그녀의 정부가 되었다. 그녀의 정다운 말과 키스는 그의 혼을 쏙 빼놓는 것이었다. 너무나도 깊고 은밀한 나머지 물질세계의 것이 아니라고 여겨질 정도인 이런 퇴폐적 기교를 그녀는 대체 어디서 배운 것일까?(III-5)

여기서 "너무나도 깊고 은밀한 나머지 물질세계의 것이 아니라고 여겨질 정도인 이런 퇴폐적 기교를 그녀는 대체 어디서 배운 것일까?"는 자유간접화법이다. 우리는 이것이 화자의 표현인지 레옹의 마음속에 일어나는 의문인지 잘 알 수가 없다. 여기서 의문문은 전지적

이어야 할 화자가 모든 것을 잘 알지 못하는 입장이 되었다는 것을 말해 준다. 화자 역시 인물 레옹 뒤피와 다름없는 불확실성에 직면해 있다. 아마도 엠마의 "퇴폐적 기교"를 알아차리면서 고통을 느끼는 레옹이 이런 의문을 가지게 된 것인지도 모른다.

이 자유간접화법은 추억, 감정, 감각, 생각 등 인물의 내면세계를 직접 보여 줌으로써 독자와 인물을 최대한 근접 거리로 다가서게 하기 위하여 사용하는 기법이다. 플로베르 이전에 인물들은 서로 자신의 속마음을 털어놓는 말, 즉 '독백'을 하는 경우는 있었지만 마음속의 생각 그 자체를 입 밖에 내지 않고, 즉 말이 아닌 방법으로, 직접 드러내지는 못했다. 반면에 자유간접화법은 시점을 상대화하여 독자가 인물의 내면세계와 의식 속으로 곧바로 들어가는 통로를 열어 놓는다. 이때 간접화법에서 이 통로를 열어 주는 역할을 담당했던 화자가 증발해 버렸기 때문에 그 통로는 그만큼 더 직접적이고 자유로운 접근을 가능하게 한다. 이리하여 독자는 인물의 내면에 곧바로 들어가서 그 세계가 언어로 표현되기 이전의 주관성 자체에 귀를 기울이고 의식의 모습을 눈으로 보는 것 같은 느낌을 갖게 된다. 이 자유간접화법의 구사에 동원되는 것은 흔히 반과거 시제, 의문문, 감탄문, 이탤릭체 같은 것들이다.

오늘날까지 그의 삶에 있어서 무슨 좋은 일이 있었던가? 중학생 시절이었을까? 그때는 그 높은 담 안에 갇힌 채 반에서 그보다 더 부유하거나 더 힘센 친구들이 그를 따돌리며 사투리를 쓴다고 비웃었고 옷차림을 조롱했으며 그들의 어머니들은 토시 안에 과자를 숨겨 가지고 면회실로 찾아오곤 했었다. 아니면 그보다 더 나중에 의학 공부를 하던 시절이었을까? 그가 정부로 삼은 어떤 예쁜 여공과 함께 춤을 추러 가려 해도 주머니 사정이 한 번도 넉넉하지 못했던 시절이었다……. 그 후 그는 잠자리 속에서 발이 얼음처럼 차갑던 과부와 14개월을 같이 살았었다.(I-5)

샤를이 엠마와 결혼하게 되면서 비로소 행복해졌음을 느끼는 이 대목에서 의문문들의 시제는 반과거다. 여기서 반과거와 의문 부호는 서술이 외부 세계에서 내면의 세계로 미끄러져 들어가는 데 윤활유와 같은 역할을 한다. 그리하여 독자는 전지적 화자가 인물로 바뀌는 과정을 얼른 알아차리기 어렵다.『마담 보바리』의 산문은 자유간접화법 덕분에 그 유연성과 확장 및 축소의 능력을 갖춘다. 이 기법에 힘입어 작가는 서술의 리듬과 통일성을 유지하면서, 다시 말해서 각각의 서술 단위 사이의 이음새와 경계가 눈에 띄지 않는 가운데 공간과 시간상의 이동과 변화를 자유롭게 실행할 수 있는 것이다.

루오 영감으로서는 딸을 치워 주겠다는 데 마다할 까닭이 없었다. 집안에서 별로 도움도 되지 않는 딸이었다. 백만장자가 한 번도 나온 적이 없는 걸 보면 천벌을 받은 직업인 농사일을 시키기에는 머리가 너무 똑똑하다고 여겨지기에 그래도 마음속으로 참아 주고 있는 터였다.(Il l'excusait *intérieurement*, trouvant qu'elle avait trop d'esprit pour la culture, *métier maudit du ciel*, puisqu'on n'y voyait jamais de millionnaires.)(I-3)

위의 예문에서 첫 번째 문장은 전지적 화자의 것이다. 루오 영감

『마담 보바리』를 읽는 일곱 가지 방식

이 자신의 딸에 대하여 생각하는 바를 다 알고 설명해 주는 것은 눈에 보이지 않는 화자다. 그런데 이 문단 안에는 인물의 의식에 순간적으로 근접하는 시도가 숨어 있다. 원문의 두 번째 문장에서 화자는 인물, 즉 루오 영감과 독자와 혼동될 정도로 접근한다. 부사 "마음속으로"가 그 첫 번째 신호다. 다음으로 "천벌을 받은 직업"은 루오 영감의 마음속에서 일어나는 일종의 자조적 감탄문이 아닐까? 반면에 '천벌 받은 직업'인 이유를 설명하는 다음 문장 "백만장자가 한 번도 나온 적이 없는 걸 보면"은 분명 눈에 보이지 않는 화자의 설명이다. 이처럼 순간적으로 시점의 이동이 일어나고 지나가는 경우도 없지 않다. 그만큼 문장의 리듬과 흐름은 끊어지지 않은 채 시점 전환을 수행할 수 있는 것이다.

보비에사르 성관 무도회를 그리는 다음의 예를 보자.

새벽 3시에 코티용 춤이 시작되었다. 엠마는 왈츠를 출 줄 몰랐다. 누구나가 다, 당데르빌리에 양이나 후작 부인까지도 왈츠를 추었다. 남은 사람이라고는 성에서 묵어갈 손님, 열두 명 정도뿐이었다.(I-8)

여기서 "엠마는 왈츠를 출 줄 몰랐다."는 얼른 보기에는 작자, 즉 전지적 화자의 생각이라고 해석하기 쉽다. 그러나 이 인용문에 이어 다음과 같은 문장이 나온다는 사실에 주목할 필요가 있다. "왈츠를 추는 사람들 중에, 모두들 친밀하게 자작이라고 부르는, 앞이 넓게 터지고 가슴에 꼭 맞는 조끼를 입은 신사가 두 번째로 또다시 보바리 부인 앞으로 찾아와 같이 춤추기를 권하면서 자기가 리드하면 잘 출 수 있을 것이라고 자신 있게 말했다." 여기서 신사가 "두 번째로" 춤을 권유한다는 사실을 염두에 둔다면 우리는 그 표현에 사실상 "저는 왈츠를 출 줄 몰라요."라는 엠마가 사양하는 말이 감추어져 있다는 사실을 알 수 있다. 엠마는 이미 자작의 춤 권유를 받은 일이 있는 것이다. 이렇게 하여 전지적 화자와 인물의 시점 이동이 서로 간의 경계를 의식하게 하는 일 없이 유연하게 이루어졌다.

3 소설의 제목 ──『마담 보바리: 지방 풍속』

제목의 기능은 (1) 작품을 식별하고(책 혹은 상품의 이름) (2) 텍스트 내용을 지시하고 (3) 대상으로 삼는 독자층을 유인, 유혹하는 데 있다. 첫째 기능이 필수적인 데 비하여 뒤의 두 가지 기능은 임의적이고 선택적이다. 오늘날에는 점차 세 번째 기능이 더 중요해지는 경향을 보이기도 한다. 텍스트의 주제를 직접적으로 지시하는 주 제목을 가진 『마담 보바리』에는 '지방 풍속(mœurs de province)'이라는 부제가 붙어 있다.(『자디그 혹은 운명: 동방 이야기(*Zadig ou la destinée, Histoire orientale*)』, 『외제니 그랑데: 지방 이야기(*Eugénie Grandet, Histoire de province*)』, 『적과 흑: 1830년 연대기(*Le Rouge et Le Noir, Chronique de XIXe siècle*)』, 『감정 교육: 어떤 젊은이의 이야기(*L'Éducation sentimentale, Histoire d'un jeune homme*)』 등 그 예는 많다.)

그러나 책의 내용을 이해하는 데 매우 중요한 기능을 가진 부제는 책의 출판인에 의하여 자주 누락되곤 했다. 부제는 플로베르 자신이 검토한 판본에는 모두 그대로 표시되어 있었으나 가령 1945년 뒤메닐(Dumesnil)판, 1964년 마송(Masson)판, 1971년 바르데슈(Bardèche) 판에서는 사라지고 없다. 독자들 역시 책의 '이름'인 『마담 보바리』에만 주목하고 부제를 망각하는 경우가 많다. 그러나 이 소설의 경우 부제 역시 매우 중요하다. 왜냐하면 텍스트를 일정한 방향으로 해석하도록 유도하는 일면을 지니고 있기 때문이다.

흔히 많은 독자들은 소설의 제목을 특별히 주목하지 않은 채 텍스트의 첫 줄부터 읽어 내려가기 쉽다. 그러나 소설의 제목을 주목하지 않으면 그 작품에 대한 흥미로운 접근 방법의 하나를 포기하게 되기 쉽다. 플로베르는 소설의 제목을 붙이는 데 있어서 혁신적인 방식을 택하지는 않았다. 그는 발자크의 원형을 따랐다. 『외제니 그랑데』처럼 주인공의 이름을 딴 제목을 붙인 것이다. 부제를 '지방 풍속'이라고 붙인 것 역시 '풍속 연구'나 '지방 생활의 장면', '파리 생활의 장면' 등 발자크식 분류를 연상시킨다. 그러나 '소설', '장면' 혹은 '연구' 같은 장르 표시를 사용하지 않았으므로 부제는 주 제목의 또 다른 방식의 해석을 유도한다. 『마담 보바리』는 그 부제의 한정을 받아 '풍속'과 '지방' 속에 각인된다. 즉 특정된 지방과 풍속의 목소리는 소설을 텍스트인 동시에 하나의 사회로서 성립시킨다.

그러나 이 소설의 제목은 보다 더 자세히 검토해 볼 필요가 있다. 제목은 '엠마 보바리'가 아니고 '엠마'는 더더욱 아니다. 따라서 제인 오스틴(『엠마』)이나 조르주 상드(『앵디아나』)의 경우처럼 한 여주인공을 영웅화할 가능성은 거의 없다. 만약 제목이 '엠마 보바리'였다면 보바리라는 성(姓)이 사회적 차원에서 부각되고 그 입체성을 획득할 수도 있었을 것이다. 그런데 그녀의 성의 앞에 붙은 '마담'은 여자의 이름인 동시에 그녀의 본래 이름(엠마 루오)의 박탈을 의미한다. '결혼한 여자'임을 의미하는 이 '마담'은 한 여성을 사회화하여 그 틀 속에 위치시키는 동시에 그 속에 가둔다. 가령 소설 속 농사 공진회 장면에서 로돌프는 유부녀인 엠마를 '마담 보바리'가 아니라 '엠마'라는 이름으로 불러 친밀감을 표시하며 유혹한다.

"엠마……"

"선생님!" 그녀는 조금 물러서면서 말했다.

"그것 보세요." 그는 침울한 목소리로 말했다. "다시는 오지 않으려 했던 내 생각이 옳았잖아요. 이 이름, 내 영혼을 가득 채우고 있는 이 이름이 나도 모르게 입 밖으로 나와 버렸는데 당신은 안 된다고 하시는군요! 보바리 부인! ……모두들 당신을 그렇게 부르지요! ……사실, 그건 당신 이름이 아니죠! 다른 남자의 이름인걸요!"(II-9)

클로드 뒤셰의 탁월한 지적처럼 여기서는 로돌프의 '낭만적 거짓'이 '소설적 진실'을 말해 준다. 엠마의 사회성을 나타내는 이 소설의 '제목'에서 어느 것 하나 엠마 자신에게 속하는 것은 없다. 풍속은 그녀를 가두고 단죄한다. 엠마의 생각을 소설은 이렇게 표현한다. "그러나 여자는 끊임없이 금지와 마주친다. 무기력한 동시에 유순한 여자는 육체적으로 약하고 법률의 속박에 묶여 있다. 여자의 의지는 모자에 달린 베일 같아서 끈에 매여 있으면서 사방에서 불어오는 바람에 펄럭인다.[2] 여자는 언제나 어떤 욕망에 이끌리지만 어떤 체면에 발목이 잡혀 있다."(II-3) 어떤 의미에서 플로베르는 발자크를 더욱 급진화하여 발전시킨다고 할 수 있다. 그리고 제목이 명시하는 것은 단순한 어떤 '풍속'의 소설이 아니라 복수인 '풍속들'의 소설이다.

'지방 풍속'이라는 부제를 달고 있는 시골 여자의 간통 소설 『마담 보바리』는 "시민들 간에 행복을 공평하게 나눈다."라고 한 대혁명의 약속이 얼마나 어려운 과정을 거쳐서 실현되었는지를 웅변으로 말해 준다. 이 소설이 발표된 1857년경, 양성 간의 평등은 요원했고 파리와 지방 사이의 불평등은 여전했다. 나폴레옹 제국 시대에 이미 제한적이었던 이혼은 왕정복고 시대에 와서 폐지되었다. 이 소설은 이와 같은 남녀 간, 파리와 지방 간의 불평등을 배경으로 한다. 파리로 상경하는 꿈을 가진 젊은이들, 금지된 사랑을 꿈꾸는 사람들은 사회의 무서운 철칙을 발견한다. 그 철칙에 적응하는 사람들의 이야기가 교양 소설이다. 피에르루이 레는 이렇게 설명한다. "낭만주의가 이러한 꿈을 만족시키지 못하는 사람들의 무력감이라고 정의될 수 있다고 한다면 낭만주의는 근본적으로 여성적인 운동이라고 하겠다. 로마네스크한, 즉 허황된 독서로 성장하고 피아노를 연주하고 이상에 홀린 엠마 보바리는 실패한 예술가군에 속한다. 결혼에 실망하고 노르망디의 구석진 시골에서 남편의 얼마 안 되는 수입으로 살아갈 운명인 엠마는 그 시대 시골 여성의 조건을 반영한다. 그러나 12년 뒤 플로베르는 『감정 교육』에서 상당한 재산을 상속받은 미혼의 파리 남성으로, 예술가적 성격이 짙은 프레데릭 모로의 삶이 점진적인 환상의 파괴로 끝나는 이야기를 들려준다." 낭만주의가 쇠퇴해 가는 무렵 성숙기에 이른 작가가 쓴 이 두 편의 소설은 다 같이 그의 앞 세대(낭만주의 시대)에 속하는 두 젊은이의 유사한 실패담을 아이러니한 톤으로 표현한 것이다.

'보바리'라는 이름의 유래

플로베르의 아버지이며 유명한 외과 의사 플로베르 박사의 제자인 으젠 들라마르는 작가의 절친한 친구 루이 부예의 고향인 노르망디의 작은 마을 리(Ry)에서 개업한 보건관(Officier de santé)으로 다섯 살 연상의 여자와 결혼했으나 곧 상처하고 17세의 델핀 쿠튀리에와 재혼, 딸을 낳았으나 아내마저 1848년 26세에 사망하고 다음 해에 자신도 사망했다. 이 에피소드와 관련하여 1882년에 쓴 막심 뒤 캉이 발표한 책 『문학적 회고(Souvenirs Littéraires)』의 한 대목은 훗날 많은 비평의 방향을 오도했다. 뒤 캉은 실제 들라마르 사건에다가 나중에 발표된 소설 『보바리 부인』에서 빌려 온, 본래 사건에는 없던 내용 즉 간통, 차압, 자살을 임의로 추가하여 소개하면서, 1849년 『성 앙투안의 유혹』의 실패 후 친구 부예가 그 작품 대신 더욱 발자크적인 들라마르 사건을 소재로 더 현실적인 소설을 써 보라고 권유했다는 설을 만들어 냈다. 그리하여 플로베르는 동방 여행 중 줄곧 그 주제를 가지고 소설을 쓸 생각을 했을 뿐만 아니라 1850년 3월 이집트 국경 지방의 어느 폭포 앞에 이르자 막심이 지켜보는 가운데 계시처럼 '보바리'라는 이름을 착안해 냈다는 것이었다. "우리가 나일 강물이 검게 솟아오른 화강암 덩어리에 부딪히는 모습을 바라보고 있을 때 플로베르가 소리쳤다. 찾아냈어, 유레카, 유레카(바로 이거야)! 난 그 여자를 엠마 보바리로 명명하겠어!"

그러나 1849년 9월에 부예가 플로베르에게 들라마르 사건을 소재로 소설을 쓰라고 충고했다는 주장은 설득력이 약하다. 들라마르 사건이 일반에 공개된 것은 플로베르가 동방 여행을 떠난 뒤인 1849년 12월이었기 때문이다. 그리고 뒤 캉은 플로베르가 1850년 3월 폭포 앞에서 '보바리'라는 이름을 생각해 냈다고 주장하지만 그 당시 플로베르는 다음 해에 자신이 과연 어떤 글을 쓰게 될지 예상도 하지 못한 상태였다. 더군다나 그 소설의 내용(간통, 차압, 자살)은 들라마르 사건에는 없던 것이다.

작가 자신의 '원고'에 의하면, '보바리'라는 이름은 실제 집필에 착수하기 몇 주 전인 1851년 7월 말에 가서야 확정된 것이다. 플로베르 자신의 말을 빌리면 '보바리'는 그가 1850년 6월 이집트를 떠나기 직전 체류했던 카이로의 나일 호텔 지배인 중 한 사람의 이름인 '부바레(Bouvaret)'에서 온 것이었다. 그리하여 작품의 '시나리오'에는 실제 작품 주인공의 이름과 첫 착상 때 이름의 중간쯤 되는 '부바리(Bouvary)'가 등장하기도 한다. Bouvaret-Bouvary-Bovary로의 고유명사 변화 과정은 1844년 그 지역에서 떠들썩했던 또 다른 사건인 루르셀(Loursel) 사건과도 무관하지 않다.(약사 루르셀의 부인과 하녀가 죽었다. 검시 결과 비소에 의한 음독 사망인 것이 밝혀졌다. 약사는 투옥되었다. 수사 결과 약사는 부인과 경제적 이해관계에 목적을 둔 정략결혼을 했으나 지방 귀족의 딸로 정신 쇠약자인 처녀 '드 보브리(de Bovery)' 양과 내연 관계였다.) 이때 피고의 변호를 담당한 변호사는 바로 훗날 『마담 보바리』 사건을 변호하게 된 세나르였다. 약사의 집에 비소가 있었다는 사실, 음독 사건, 사랑에 목마른 신경증 환자이며 소설을 너무 많이 읽은 처녀 보브리 양의 존재 등은 이 사건과 소설의 공통점이다. 한편 소설 『마담 보바리』가《르 누벨리스트 드 루앙》에 연재되었을 때 제목은 기이하게도 '마담 드 보브리(Madame de Bovery)'였다. 편집자의 실수 였다는 설명이었지만 실은 그 지역에 널리 알려진 루르셀 사건과의 유사점을 이용하여 광고 효과를 노린 의도적 실수였다.

소설 속에는 사실상 세 사람의 '마담 보바리'가 등장한다. 샤를의 어머니와 샤를의 첫 번째 아내인 마담 뒤뷔크, 그리고 엠마가 다 같이 마담 보바리인 것이다. 처음 두 사람은 소설의 1부 1장에 등장한다. 보바리의 어머니 마담 보바리는 소설의 마지막 페이지에서 엠마와 샤를의 사후에 사망한다. 다른 한편 '보바리'는 불어의 'bovin(e)(소과 의)', 'bouveau(어린 소)', 'bouverie(외양간)'을 연상시켜 '소'의 어감과 함께 샤를과 엠마의 '어리석음'의 뉘앙스를 암시하기도 하고 "아름다 워 보이는 것이 아무것도 없는 삶(beau+voir+y)"에 대한 풍자가 내포 되어 있다고 해석하는 이도 있다.

4 소설의 구성과 스토리

소설은 길이가 서로 다른 전체 3부로 구성되어 있다. 각 부는 인 물들의 삶의 여러 단계를 그린다. 1부는 샤를과 엠마의 어린 시절, 결 혼, 토트에서의 생활이다. 2부는 용빌에서의 생활, 3부는 용빌과 루앙 을 오고 가는 엠마의 이중생활과 그녀의 죽음을 그린다.

Ⅰ 루앙과 토트 샤를의 성장 및 교육 과정과 첫 결혼. 수도원에서

교육받고 아버지의 농장에 돌아와 따분해진 엠마 루오 양은 토트의 시골 의사 샤를 보바리와 결혼한다. 독서와 소설적 상상을 통해 결혼에 대하여 과도한 기대를 가졌던 그녀는 크게 실망한다. 샤를은 정직한 인물로 아내를 사랑하지만 수동적이고 어리석어 그녀를 이해할 줄 모르고 그녀를 만족시키지도 못한다. 보비에사르 성관에서 개최된 무도회에 초대받은 엠마는 오랫동안 품어 온, 그러나 지금까지는 아주 막연했던 동경과 회한이 무엇인지를 비로소 깨닫는다. 이 경험은 그녀에게 사치와 낭만적인 욕망, 그리고 관능의 맛을 자극한다.

Ⅱ 용빌 점점 상심하여 쇠약해지는 아내에게 '바람을 쏘일' 기회를 주기 위하여 샤를은 좁은 토트에서 용빌 마을로 이사하여 정착한다. 그곳에서 그들은 공증인 사무실에서 일하는 젊은 서기 레옹을 알게 되는데 그와 엠마는 서로 플라토닉한 사랑을 느낀다. 그러나 '결실 없는 사랑에 지쳐' 레옹이 파리로 떠나자 엠마는 부유하고 남녀 관계에 노련한 독신자 로돌프의 유혹에 넘어가 그의 정부가 되고 간통 속에서 활짝 피어난다. 그러나 이 관계에 점차 부담을 느끼게 된 로돌프는 함께 사랑의 도피 여행을 떠나기로 한 약속을 어기고 그녀를 버린다. 절망한 엠마는 병이 난다. 그녀의 기분 전환을 위해서 남편은 그녀를 루앙의 오페라에 데리고 간다. 그곳에서 그들은 파리에서 돌아와 루앙에서 일하고 있던 레옹과 재회한다.

Ⅲ 용빌과 루앙 유명한 마차 장면을 통해서 당장에 유혹당한 엠마는 레옹의 정부가 되어 점점 더 자주 루앙을 드나든다. 동시에 그녀의 사치벽은 도를 더해 가고 소비는 심해진다. 그 비용을 충당하기 위하여 그녀는 신상품 공급자인 동시에 고리대금업자인 뢰르에게 점점

큰 빚을 진다. 그녀는 결국 차압의 위협을 당하지만 사정을 모르는 남편 이외의 모든 사람(레옹, 로돌프)은 그녀를 외면한다. 궁지에 몰린 엠마는 비소를 먹고 자살한다. 샤를 역시 전말을 알게 되어 절망하지만 '운명'을 탓하며 아내의 뒤를 따른다. 고아가 된 두 사람의 딸 베르트는 어린 나이에 공장에서 보내져서 노동하는 신세가 된다.

각각의 부는 샤를과 엠마가 결혼 후 점진적으로 멀어지는 과정을 보여 준다. 부부가 함께 보비에사르 성관에 초대받아 가서 엠마가 처음으로 남편이 아닌 자작과 춤추는 장면, 로돌프와의 만남과 숲속에서의 정사, 안짱다리 수술의 실패, 그리고 엠마와 레옹과의 간통 등의 과정을 통해서 부부 사이는 점점 더 멀어진다. 그리고 이런 사실들의 서술과 묘사는 부부 사이의 거리가 멀어지고 위기의 심각성이 높아짐에 따라 점점 더 그 길이가 길어진다. 이 동안 각 부에는 엠마의 신경성 병적 현상들이 병행되어 서술된다. 가령 1부 9장, 2부 13~14장, 3부 8장이 그에 해당한다.

소설은 엠마가 점차로 성격적 해체 과정을 밟고 죽음에 이르는 일종의 비극적 상황을 그리지만 그 어조는 매우 해학적이고 그로테스크하다. 여러 대목에서 어떤 운명의 힘이 느껴진다. 전체적으로 톤이 고조되는 대목과 일상의 습관, 단조롭고 의미 없는 삶이 되풀이되는 시기가 서로 교차한다. 여러 장면, 인물, 사건, 사물들이 서로 대칭되거나 조응되도록 하는 장치들은 소설을 하나의 전체로서 통일하는 역할을 한다.

5 시점의 전환과 소설의 구조

소설의 입구 —— '우리'와 샤를

우리가 자습실에서 공부를 하고 있으려니까 교장 선생님께서 어떤 평복 차림의 신입생과, 큰 책상을 든 사환을 데리고 들어오셨다.(Nous étions à l'Étude, quand le Proviseur entra suivi d'un *nouveau* habillé en bourgeois et d'un garçon de classe qui portait un grand pupitre.)(I-1)

소설은 이렇게 시작한다. 여기서 말하는 '신입생'은 장차 엠마의 남편이 될 샤를 보바리다. 그러니까 『마담 보바리』에 가장 먼저 등장하는 인물은 주인공인 엠마가 아니라 열대여섯 살 때의 샤를 보바리다. 그리고 교실로 들어오는 샤를을 지켜보는 시점의 역할은 소설 첫머리의 '우리'가 맡는다. "3학년 말에 가서 그의 부모는 그가 독학으로 대학 입학 자격까지 얻을 수 있으리라 믿고 의학 공부를 시키기 위하여 중학교를 그만두게" 하면서부터 샤를의 동급생 시점 역의 '우리'는 곧 자취를 감춘다.("지금에 와서 우리 중 누군가가 그에 대해 뭔가를 기억해 낸다는 것은 불가능하다.") 그러니까 시점의 기능이라는 측면에서 볼 때 '우리'의 역할은 샤를을 독자에게 소개하는 것에 그친다.

이제부터 독자는 교실로 들어온 샤를을 주목하게 된다. 그러나 샤를 역시 장차 이 소설의 주역을 담당하게 될 엠마를 소개하는 역할이 주된 임무라는 것을 독자는 곧 알게 된다. 교실 안으로 들어선 샤를의 생김새, 어색한 거동, 그리고 다시 과거로 돌아가서 그의 아버지, 어머니의 이력, 성장 과정, 중학교 이후의 학습, 의과 대학 시절, 의사 면허 시험 합격, 연상의 과부와의 결혼 등이 1부 1장에 걸쳐 비교적 소상하게 소개되지만 이 인물은 대부분 밖으로부터 관찰된 객체로서 그려질 뿐이다. 독자가 로봇과도 같이 어색한 이 인물의 내면을 들여다볼 수 있는 기회는 극히 드물고 그가 주체적 인물로 탈바꿈한다 해도 독자가 눈치채기 힘들 만큼 잠깐 동안뿐이다.

> 맑게 갠 여름날 저녁이면 (……) 그는 가끔 창문을 열고 팔꿈치를 괸 채 멍하니 있곤 했다. (……) 저쪽 발 아래로 (……) 냇물이 흘러가고 있었다. (……) 맞은편 지붕들이 널려 있는 저 너머에는 맑은 하늘이 저물어 가는 붉은 해와 함께 펼쳐져 있었다. 저기는 얼마나 상쾌할까! 저 너도밤나무 아래는 얼마나 시원할까!(I-1)

느낌표로 마무리된 마지막 두 문장은 샤를의 말을 제3자가 소개하는 간접화법도 아니고 말의 내용을 그대로 옮겨 놓은 직접화법도 아닌 이른바 자유간접화법으로 표현되어 있다. 이것은 객관적, 외적 관찰의 대상이 슬며시 내면적 관찰의 대상으로 시점이 이동하는 것을 의미한다. 샤를과 독자와의 내면적 접근은 이처럼 지극히 은밀한 방식으로 기술되어 있어서 세심한 주의를 기울인 독자가 아니면 알아채기 어렵다. 그러나 곧 전지적 화자의 객관적 서술이 뒤를 따른다.

1부 2장에 오면 샤를이 새벽녘에 전갈을 받고 베르토 농가로 왕진을 가게 된다. 그가 말을 타고 가면서 "아직 따뜻한 잠의 여파 속에 꾸벅꾸벅 조는" 기회에 독자는 다시 한 번 샤를의 이중적 지각, 즉 내면의 느낌을 넘겨다볼 수 있게 된다.

그러고는 다시 정신이 혼미해지면서 저절로 졸음이 밀려들어 곧 일종의 반수 상태에 빠져들었고 방금 느꼈던 감각들이 옛날의 추억들과 뒤범벅이 되는 바람에 자신이 학생인 동시에 결혼한 어른이고, 조금 전처럼 침대에 누워 있는가 하면 동시에 옛날처럼 어느 수술실을 건너질러 가고 있는, 이중의 존재로 보이는 것이었다.(I-2)

이렇게 하여 샤를이 내면적인 의식을 가진 독립적 주체로 승격하려 하자 곧 농가가 나타난다. 샤를은 즉시 대상을 바라보는 시선 그 자체로 환원된다. 독자는 그의 눈을 통해서 농가의 모습을 바라본다. 농가의 현관에 이르자 그의 시계(視界) 속으로 "세 폭의 밑자락 장식이 달린 푸른색 메리노 모직옷 차림의 한 젊은 여자"가 등장한다. 그 여자가 엠마 루오 양이다.

엠마의 등장

샤를과 마찬가지로 엠마 역시 처음에는 밖으로부터 관찰된 객체로 등장한다. 독자는 샤를이 보는 바에 따라 엠마를 볼 수 있을 뿐이다. 다만 샤를은 시골에서 온 신입생으로서 도시 중학생들인 '우리'의 조롱하는 눈초리 앞에 등장하는 반면 엠마는 경이에 찬 남성 샤를의 시선 속에 눈부신 처녀의 자태로 나타난다는 점이 다르다. 앞의 예와 같이 지극히 짧은 한순간 샤를이 그의 내면적인 비전을 드러내는 경우도 있지만 대부분의 경우 이 시골 의사는 엠마라는 인물을 밖으로부터 비춰 주는 조명등 구실을 하고 있다. 독자는 그 조명등을 앞세워 엠마의 모습을 조금씩 발견해 간다. 그러나 엠마는 아직 밖으로부터 관찰된 객체에 지나지 않는다. 그러나 독자는 머지않아 겉모습 뒤에 감추어져 있는 엠마의 내면 심리나 실제 됨됨이에 대하여 자세히 알게 되겠지만 오히려 남편인 샤를은 끝내 아무것도 알지 못한 채 죽음과 함께 퇴장할 것이다. 왜냐하면 독자는 전지적 화자의 안내를 받을 수 있지만 샤를은 엠마의 존재 밖에 소외되어 있는 제한된 조건의 '시선'일 뿐이기 때문이다.

결혼 후 보바리 부부가 토트라는 마을에 정착하면서 시점이 샤를에서 엠마로 옮겨 간다. 독자에게 토트의 신혼집을 안내하는 것은 엠마의 시선이다. 지금까지 남의 시선을 통하여 관찰당하는 객체였던 엠마가 앞장선 주체로 탈바꿈한다. "엠마는 방으로 올라갔다. 첫 번째 방에는 아무 가구도 없었다."

이리하여 소설의 초입에서 '우리'의 시야 속에 샤를이 등장한 뒤 이번에는 샤를의 시야 속으로 처녀 엠마가 나타났다가 마침내 보바리의 아내가 된 엠마의 시선이 독자들에게 샤를을 포함한 외계의 모습을 조명하기 시작한다. 이 모든 시점의 이동과 전환은 지극히 점진적으로 이루어진다. 또 차례로 교체된 시점의 역할을 맡는 각 인물들 역시 점진적으로 자신의 더욱 깊은 내면을 드러내 보인다. 독자는 '우리'의 내면 심리를 직접적으로 알 수 없지만, 샤를에 대해서는 그보다 좀 더 자세히, 그러나 매우 은폐된 방식으로 알 수 있고, 엠마의 경우로 오면 그녀는 단순히 시선의 기능으로 그치지 않고 소설의 중심부로 떠올라 살아 움직이는 인물로 기능한다. 그 결과 그녀의 행동, 권태,

『마담 보바리』를 읽는 일곱 가지 방식

혐오, 몽상 따위의 의식 내용과 변화가 소상히 밝혀진다. 소설은 이처럼 밖으로부터 안으로, 표면으로부터 내면으로, 무심한 관찰로부터 공감 어린 이해로 점점 침투하는 시점의 이동에 따라 구성되어 있다.

시점의 교차 — 샤를에서 엠마로

엠마가 이 소설의 참다운 주인공으로 부상하는 대목, 즉 샤를의 시선이 엠마의 시선으로 교체되는 대목을 자세히 읽어 보면 지극히 흥미롭다.

처음 며칠 동안 그녀는 집 안을 어떻게 바꿀 것인가에 대한 궁리로 마음이 바빴다. (……) 그래서 샤를은 행복했고 전혀 아무런 걱정이 없었다. (……) 아침에 잠자리에서 그는 베개를 베고 나란히 누워 보닛 모자의 장식 끈에 반쯤 가린 그녀의 금빛 뺨 위에 솜털 사이로 햇살이 비쳐 드는 것을 바라보고 있었다. 그렇게 가까이서 보니까 그녀의 두 눈이 더 커 보였다. 특히 잠에서 깨면서 몇 번씩이나 눈을 깜박일 때가 그랬다. 그늘진 부분은 까맣고 햇빛을 받은 부분은 푸른색인 그 눈은 연속적으로 겹쳐진 여러 층의 색깔들로 이루어진 것 같았는데 밑바탕은 짙은 색이고 에나멜처럼 반드러운 표면으로 올라올수록 색이 옅어지는 것이었다. 샤를 자신의 눈은 그 깊은 심연 속으로 온통 빨려 들어서, 그는 머리에 쓴 수건과 앞가슴을 풀어헤친 셔츠의 윗부분과 더불어 양 어깨에까지 자신의 모습이 축소되어 그 속에 비친 것을 볼 수 있었다. 그러면 그는 자리에서 일어났다. 그녀는 그가 떠나는 것을 보려고 창가에 나와 서는 것이었다. 그러고는 헐렁한 실내복 그대로 창턱에 놓인 두 개의 제라늄 화분 사이에 팔꿈치를 고이고 서 있었다. 샤를은 길에 나와서 표지석 위에 발을 올려놓고 박차 끈을 조여 맸다. (……) 샤를은 말에 올라 그녀에게 키스를 보냈다. 그녀는 손짓으로 거기에 답하고 나서 창문을 닫았고 샤를은 떠났다.(I-5)

샤를이 이 소설 속에서 엠마를 가장 "가까이서" 바라보는 대목이다. 흔히들 눈은 마음의 거울이라고 한다. 그러나 샤를은 가장 친밀한 거리, 즉 같은 잠자리에서 자기 아내의 눈을 유심히 관찰하지만 그녀의 마음은 읽어 내지 못한다. 그가 그 소상한 관찰을 통해서 발견한 것은 뺨 위로 지나가는 "햇살", 큰 눈, 그늘에서는 "까맣고" 햇빛을 받으면 "푸른색"인 눈빛, "연속적으로 겹쳐진 여러 층의 색깔들"뿐이다. 이것은 물리적인 관찰이지 심리적인 관찰이 아니다. 이것은 확인이지 발견이 아니다. 아니 그뿐만이 아니다. 타자에 대한 물리적 확인은 급기야 자아 상실로 이어진다. 샤를 자신의 눈은 그녀의 눈의 깊은 심연 속으로 "온통 빨려 들어서" 사라진다. 샤를의 눈이 심연 속으로 사라지자 이번에는 그의 존재 자체가 축소되어 그 심연 속에 나타난다. 샤를의 시선이 지닌 한계는 엠마다. 그가 엠마의 눈 속으로 흡수되면서 그의 지능과 중요성도 축소 소멸된다. 이렇게 자신의 존재를 상실하고 엠마에게 시점을 넘겨준 샤를은 엠마가 독약을 먹고 "눈을 감은" 뒤에야 비로소 독자적 독립적 존재로서 다시 눈을 뜨게 될 것이다. 그때는 그러나 너무 늦었다. 그가 다시 눈을 뜨고 바라보는 현실은 너무나 참담한 나머지 머지않아 그를 죽음으로 인도하게 된다. 그러나 샤를은 이미 잠자리에서의 이 마지막 관찰을 통해서 자신도 모르게 엠마의 됨됨이를 그리고 그와 그녀 사이의 관계를 예언한 셈이다. 이제부터 엠마는 샤를의 관찰처럼 "연속적으로 겹쳐진 여러 층의 색깔들"을 지닌 복잡한 인물로 드러난다. 그 여자는 포착하기 어려운 색깔로 끊임없이 변하는 모습을 보여 줄 것이다. 몸은 옹색하고 따분한 시골에 묻혀 있되 마음은 멀고 화려한 도시로 떠나고 있고 신분은 샤를의 아내이되 차례로 다른 남자들의 정부가 될 것이다. 또 샤를의 눈에는 엠마가 조명의 광도에 따라 때로는 어둡게, 때로는 푸르게 보일 것이다. 우리는 앞에서 학창 시절 잠시 창문가에 턱을 괴고 먼 곳을 응시하는 샤를을 보았다. 이번에는 엠마가 창가에서 '외출하는' 샤를을 바라본다. 창가에서 내려다보는 엠마와 말을 타고 떠나는 샤를 사이의 '거리'는 끝내 좁혀지지 않는다. 두 사람 사이의 대화는 항상 그 거리를 사이에 두고 건네는 "손짓"의 인사에 그칠 뿐이다. 그리고 두 사람 사이에는 언제나 투명하되 마음의 소통을 차단하는 창문이 닫혀 있을 것이다. 이렇게 하여 동일한 문단 속에서 아내의 눈을 바라보는 샤를의 시선이 창가에서 남편을 전송하며 바라보는 엠마의 시선으로 슬며시 교체되었다.

소설의 출구——샤를

그러면 엠마가 참다운 주인공으로 행동하는 긴 중심부를 건너뛰어서 이 소설이 어떻게 끝나는가를 여전히 시점의 차원에서 검토해 보기로 하자. 소설의 입구와는 반대로 소설의 출구는 시점이 내면으로부터 외곽으로 나오는 대칭적 배열을 보여 주고 있다. 앞에서도 지적했듯이 엠마의 시선 속으로 '흡수'된 샤를이 다시 눈을 '뜨는' 것은 엠마가 자살한 뒤인 3부 9장이다. 다시 말해서 엠마로 교체되었던 시점은 엠마가 눈을 감아 버린 시신의 모습으로 앞에 놓였을 때에야 비로소 샤를에게 환원되는 것이다.(3부 8장은 "그 여자는 더 이상 존재하지 않는다."라는 짧은 문장으로 끝난다.) 그 과정을 텍스트에서 읽어 보자.

샤를이 들어와 침대 쪽으로 다가가더니 천천히 커튼을 열었다.

엠마는 오른편 어깨 쪽으로 고개를 기울이고 있었다. 벌어져 있는 입 한구석은 마치 얼굴 아래쪽으로 난 시커먼 구멍 같았다. 양쪽 엄지손가락은 손바닥 안으로 접혀져 있었다. 흰 먼지 같은 것이 눈썹 여기저기 붙어 있었고 두 눈은 마치 거미가 그물을 친 것처럼 엷은 막 같은 끈적끈적하고 창백한 기운 속으로 꺼져 들어가기 시작했다. 그녀의 몸을 덮은 시트는 젖가슴에서 무릎까지 움푹 패여 들어갔다가 다시 거기에서 발가락 끝 쪽으로 쳐들려 있었다. 그래서 샤를에게는 무한히 큰 덩어리들이, 가늠할 수 없는 무게가 그녀를 짓누르고 있는 것처럼 느껴졌다.(III-9)

샤를은 이렇게 하여 '바라보는' 주체적 시선으로 복귀하여 소설 속으로 다시 '들어왔다'. 그는 이제 외부에 위치하여 외관만을 바라보는 객관적 시점만이 아니다. 이 인용문 속에 여러 번 나타나는 수사들, 예컨대 "먼지 같은", "거미가 그물을 친 것처럼", "발이 고운 천과 같은", "가늠할 수 없는 무게가 (……) 짓누르고 있는 것처럼" 등의 비유들은 물론 플로베르의 수사일 테지만 간접적으로는 샤를의 '바라보는 방식'과 내면의 감정을 어느 정도 암시해 주고 있다. 비유는 이렇게 하여 샤를을 '주체적' 인물의 시선으로 바꾸어 놓는다. 거기서 두 페이지 반을 경과하면 부르니지엥 신부와 오메가 시신을 지키며

밤새움을 하다가 잠이 든다. 그때 샤를은 엠마에게 마지막 고별인사를 하기 위하여 또 다시 방 안으로 들어온다.

그는 촛불의 노란 불꽃의 광채에 "눈의 피로를 느끼면서 초가 타는 것을 응시하고 있었다."

그에게는 마치 그녀가 몸 밖으로 퍼져 나가서 자기를 둘러싼 여러 가지 물건들 속으로, 어둠 속으로, 지나가는 바람 속으로, 기어오르는 축축한 향기 속으로 휩쓸려 들어가는 것같이 느껴졌다.
그러자 그는 토트의 뜰 안에, 가시 울타리에 기대 놓은 걸상 위에 (……) 베르토의 안뜰에 있는 그녀를 보는 것이었다. (……) 그녀의 웃음소리를 듣는 듯했다. (……) 오랫동안 그는 그녀의 음성의 음색을 회상했다. 절망 후에 또 절망이 끝도 없이 마치 밀려드는 조수의 물결과도 같이 닥쳐왔다.(III-9)

샤를은 마지막으로 잠시 동안 가장 확실한 주체가 되어 보고 듣고 느끼고 상상하고 회상한다. 무려 200여 페이지가 경과하는 동안 완전히 뒷전으로 밀려난 채 다른 인물들, 특히 엠마에 의하여 가려져 있던 샤를이 이처럼 강력한 내면적 인격을 회복하여 소생하는 것은 놀라운 일이 아닐 수 없다. 창문 밖 저쪽으로 말을 타고 떠난 후 아내의 시신 앞에서 다시 모습을 드러낼 때까지 샤를은 과연 그의 존재보다는 부재로 인하여 더욱 웅변적이었다. 소설의 대단원은 그의 죽음에 대하여 이렇게 서술한다. "카니베 박사가 달려왔다. 그를 해부해 보았지만 아무것도 발견되지 않았다."

6 소설의 시작과 끝

우리가 자습실에서 공부를 하고 있으려니까 교장 선생님께서 어떤 평복 차림의 신입생과 큰 책상을 든 사환을 데리고 들어오셨다. 졸고 있던 아이들이 깨어났고, 각자 정신없이 공부를 하다가 깜짝 놀랐다는 듯이 자리에서 일어났다.

교장 선생님께서는 우리에게 다시 자리에 앉으라고 손짓을 하셨다. 그리고 자습 교사 쪽으로 돌아서서 "로제 씨." 하고 나직이 말씀하셨다.

"여기 이 학생을 좀 부탁해요. 중등반 2학년에 들어왔습니다. 하지만 학업과 품행을 보아서 양호하면 제 나이에 맞는 상급반으로 올려 주지요."

출입문 뒤 모퉁이에 서 있어서 눈에 잘 보이지도 않는 그 신입생은 열댓 살가량 되어 보이는 시골뜨기로, 키는 우리 중 그 누구보다도 컸다. 머리를 이마 위로 가지런하게 잘라서 촌동네 성가대원 같았고 얌전하면서도 매우 거북해하는 표정이었다. 어깨가 넓은 것도 아니었는데 까만색 단추들을 단 녹색 천의 정장 저고리는 겨드랑이께가 거북살스러운 모양이었고 소매 끝 솔기 사이로는 언제나 맨살을 내놓고 지내 버릇해서 뻘게진 양손목이 드러나 보였다. 멜빵에 당겨 덜렁 들린 누런 바지 밑으로 청색 긴 양말을 신은 두 다리가 나와 있었다. 그는 징을 박아서 튼튼해 보이기는 하나 제대로 닦지 않은 구두를 신고 있었다.(I-1)

모든 것을 다 팔고 나니까 십이 프랑 칠십오 상팀이 남아 어린 보바리 양이 할머니한테로 가는 여비로 쓰였다. 노부인도 그해에 죽었다. 루오 노인은 중풍에 걸렸기 때문에 어떤 친척 아주머니가 아이를 맡았다. 그녀는 가난해서 생활비를 벌도록 베르트를 방직 공장에 보내서 일을 시키고 있다.

보바리가 죽은 뒤 세 사람의 의사가 차례로 용빌에 와서 개업을 했지만 아무도 성공하지 못했다. 곧 오메 씨가 어찌나 그들을 들볶아 댔는지 남아 날 수가 없었던 것이다. 그는 엄청나게 많은 단골을 가지고 있다. 당국은 그를 좋게 대우해 주고 있고 여론은 그를 옹호하고 있다.

그는 이제 막 레지옹 도뇌르 훈장을 받았다.(III-11)

각각 소설의 시작(incipit)과 끝(explicit) 부분이다. 과거형으로 시작된 소설은 현재형으로 마감된다. '우리'로 시작한 소설은 샤를과 엠마 사이에 태어난 딸 베르트와 약사 오메의 현재로 마감되고 있다.

소설의 집필 과정 따르면, 작가 플로베르는 소설을 출판하기 직전에 갑자기 첫머리를 '우리는'으로 바꾸어 기술했다는 사실을 알 수 있다. 일인칭 복수 '우리(nous)', 소유격 '우리의(nos)'는 소설의 첫 단어일 뿐만 아니라 이야기의 첫머리 7쪽(번역본 9쪽)에 모두 열 번 출현하며 여러 곳에 산재한다. 그러나 그 '우리'는 잠정적이고 부분적인 출현에 그친 다음 완전히 증발하고 만다.

집필 시의 '시나리오'를 검토해 보면 아주 일찍부터 이야기의 처음 몇 페이지에 '우리'를 배치할 생각이었음을 알 수 있다. 그러나 처음엔 '우리'가 사회 문화적 지표 구실에 그칠 것으로 구상되어 있었다. '우리'는 시나리오의 세 번째 버전에 샤를이 중학교에 처음으로 전학해 오는 장면에 단순히 삽입될 예정이었다. "재치 ― 그는 '우리'의 밖에 있었다. 텔레마크와 앙크닐을 읽었다. (……) 서툴음. 신체적 생김새가 반에서 웃음을 산다. ― 휴식 시간. 우리의 지적인 세계의 면모는 없다." 시나리오의 내용이다. 작가는 여기서 루앙 중학교 어떤 한 반의, 자신을 포함한 집단의 사회적 차별적인 의미를 함축하고자 했다. 즉 여기서 반의 대다수를 차지하는 '우리'라는 학생 집단은 도시 엘리트 부르주아 계층의 자식들로 시골 출신의 보잘것없는 서민 가정 출신에 밖에서 틈입한 '신입생'을 즉각적으로 차별하고 따돌려 주변화하는 행동을 보여 준다. 이들은 신입생을 괴롭히는 오래된 의식을 통해서 신입생을 '왕따'시킨다.

그들의 행동은 즉각적으로 두 개의 문화적 세계를 대립시킨다. 한편에 있는 '우리'는 루앙 왕립 중학교 생도로서 모두가 유복한 집안 출신에 (플로베르 자신처럼) 위고, 월터 스콧, 바이런, 셰익스피어, 세르반테스를 읽은 교양인인 동시에 일종의 '문학 소년'들이어서 '신입생'이 입장하는 이 첫 장면을 서술할 능력이 있다. 그러나 그들은 신입생에 대하여 오래, 자세히 관심을 갖지 않는다. "지금에 와서 우리 중 누군가가 그에 대해 뭔가를 기억해 낸다는 것은 불가능하다. 그는 온순한 성격의 소년으로 쉬는 시간에는 놀고 자습 시간에는 공부하고 수업 시간에는 정신 차려 듣고 공동 침실에서는 잘 자고 식당에서는 잘 먹었다."라는 정도로 기억할 뿐이다.

반면에 문화적으로 결속된 이 집단과 마주한 신입생은 무지한 시골 출신으로 그 어떤 '지적 세계'에도 소속되어 있지 않다. 그의 옷차림, 행동, 특히 "징을 박아서 튼튼해 보이기는 하나 제대로 닦지 않은 구두"와 그의 저 장황한 묘사의 특혜를 입는 모자가 웅변으로 그 사실을 말해 준다. 그는 지적 세계가 무엇인지 알지도 못한 채 간신히 읽고 쓰는 것만을 습득한 상태로 이 낯선 별에 착륙하여 서툴기 짝이 없는 모습으로 웃음 사면서 쫓겨나지 않기 위하여 맹목적으로 교과서를 읽는다. 낙제하지 않기 위하여.

저녁때 자습실에서 그는 사무용 소매 커버를 책상에서 꺼내어 낀 다음 자질구레한 자기 물건들을 정리했고 종이에 정성스럽게 줄을 그었다. 우리는 그가 단어를 하나씩 사전에서 찾으면서 몹시 힘들여 열심히 공부하는 것을 보았다. 아마도 그가 보여 준 이 같은 성실성 덕분이었는지 그는 아래 학년으로 내려가지 않아도 되었다. 그는 문법은 그런대로 이해를 했지만 표현에 있어서는 도무지 세련된 데가 없었으니 말이다.(I-1)

사실 '현대'를 배경으로 한 플로베르의 소설 세 권(『마담 보바리』, 『감정 교육』, 『부바르와 페퀴셰』)은 각각 그 나름대로 '우리'라는 3인칭 복수의 형식을 강조하면서 구성되어 있다. '우리'는 『마담 보바리』라는 소설의 시작일 뿐만 아니라 플로베르가 '처음으로 발표하는 소설'의 작가로서 독자를 향하여 발언하는 첫 단어다. 반면 『감정 교육』은 "우리가 가졌던 최상의 경험은 바로 그것이었어."라는 말을 두 번이나 반복하며 끝난다. 그런가 하면 플로베르가 남긴 마지막 소설인 『부바르와 페퀴셰』는 처음에도 끝에도 '우리'라는 단어는 등장하지 않지만 부바르와 페퀴셰라는 두 인물, 즉 '우리'가 소설 전체를 통합하고 관통한다. 그들 두 사람은 똑같은 생각을 가지고 있기에 항상 '우리'인 것이다. "옳거니! 그는 말한다. 우리는 같은 생각을, 즉 우리의 같은 벙거지에 우리의 이름을 새긴다는 생각을 지녔었지. (……) 그리고 그들은 서로 쳐다보았다."

『마담 보바리』의 '우리'는 무엇을 의미하는 것인가? 다짜고짜로 소설의 모두에 출현한 '우리'는 소설의 아 프리오리(*a priori*)요 허구의 기원이다. 그것은 말을 하는 내레이터인 '나'와 어린 시절 그가 소속된 학생 집단의 표상이다. '우리'는 '나'가 소속된 청소년 시대와 관계가 있는 동시에 엘리트 부르주아 자식들이라는 계층을 지시한다. 이는 또한 차별과 배제라는 숙명적인 논리의 예감을 함축하고 있다.

그는 이 소설을 바로 루앙 왕립 중학교 시절의 절친한 친구 루이 부예에게 바쳤다. 그런데 그 부예가 죽자 50세의 작가 플로베르는 이렇게 그 청소년 시절을 회고하며 향수에 젖는다.

> 우리는 단순히 음유 시인이요 반항적이며 동방적일 뿐만 아니라 예술가들이었다. (……) 우리는 별로 칭찬받을 만한 아이들은 분명 아니었다! 그러나 평범함에 대한 증오는 얼마나 컸던가! 위대함에 대한 열망은 얼마나 대단했던가! 스승들에 대한 존경은 또한 얼마나 대단했던가! 우리는 얼마나 빅토르 위고를 찬미했던가!(「마지막 노래들에 붙인 서문」)

『마담 보바리』를 개시하는 '우리'에는 청소년기 중학 시절에 던지는 작가의 정다운 향수의 시선과 동시에 여러 사람의 운명을 짓부수는 어떤 사회적 논리를 암시하는 시나리오가 깃들어 있다. 물론 작가는 개인적인 '나'를 배제의 원칙 속에 포함, 결합시킴으로써 스스로 그 책임의 일단을 받아들인다. 더군다나 처음 시나리오에서는 보충적이고 난외로 추가한 표현이었던 것을 마지막 순간에 소설의 첫 단어로 승격시킨 것이 그러하다. 왜냐하면 '우리'가 이제부터 그가 발표하는 작품들 전체라는 방대한 규모에 걸쳐 일정한 영향력을 확보하고 극단적인 상징성의 지위를 갖게 되었다고 생각할 때 그 '우리' 속에 당연히 한몫을 차지하는 작가 자신은 보다 더 적극적으로 책임을 떠안게 되기 때문이다.

그는 1856년, 작품을 잡지에 발표하기 직전에 소설의 마지막 문단을 작성한 여세를 몰아 그 첫 문단을 다시 고쳐 썼다. 그로부터 5년 전인 1851년 10월 동방 여행에서 갓 돌아와 이 이야기의 첫 줄을 쓸 때 '우리'는 물론 그 속에 등장했다. 그러나 소설 전체의 첫 단어는 아니었다. "중학교의 큰 시계가 1시 반을 쳤을 때 교장 선생님이 자습실로 들어오셨다." 소설은 원래 이렇게 시작하고 있었다. 물론 샤를이 전학 온 그날의 첫 시간 동안 '우리'는 이곳저곳에 여러 번 등장하지만 이처럼 특별히 눈에 띄는 위치를 점하지는 않았다. 소설이 이런 모습으로 구상되는 단계에서 소설의 끝은 매우 우울한 환경을 그리고 있었다. 어머니의 자살, 그리고 1년 뒤 아버지의 죽음에 이어 고아가 된 딸 베르트는 '학비가 무료인 공립 학교'에 입학한다. 그다지 장래가 기대되는 형편은 못 되지만 그래도 희망은 남아 있다.

그러나 5년 후, 루이 필립의 7월 왕정 시대로부터 루이 나폴레옹의 쿠데타를 거쳐 제2제정이라는 정치적 격변이 도래했을 때 플로베르는 마지막 페이지를 작성하면서 동시대 역사, 즉 권위주의적인 제2제정의 역사적 현실을 인식하지 않을 수 없었다. 그런 현실과 대면하면서 소설 역시 원래의 시나리오보다 당대 현실 속에 훨씬 더 깊숙하게 침투한 역사적 비관주의 쪽으로 기울게 된다. 왜냐하면 소설의 끝이 '현재형'으로 변하여, 역사적 현재와 서술의 현재가 서로 만나

일치하기 때문이다.

이리하여 이제 소설의 끝에서는 엠마가 자살하고 뒤따라 샤를이 사망할 뿐만 아니라 그 사회적 저주는 어린 베르트에게까지 아무런 희망의 기회를 남겨 주지 않게 된다. 어린 베르트는 가난한 소녀들과 같이 무료로 '공립 학교'에 다닐 수 있는 기회마저 박탈당한다. 그녀는 열두 살이라는 어린 나이에 공장 직공이라는 최하층 계급으로 내몰리고 만다. "모든 문제는 여기에 있다. 플로베르가 그 유명한 '우리'를 모두(incipit)의 자리에 위치시키기로 결정하게 된 것은 바로 소설의 마지막 페이지에 형태를 부여하고 난 그 순간 이 마지막 장면의 연장선상에서 이렇게 심각한 지경으로 내몰린 어린아이의 영향을 받았기 때문이라는 사실이 그것이다."라고 피에르 마르크 드 비아지는 결론을 내린다. 소설 모두의 변화는 이처럼 정서 담당자(copiste)가 정리한 원고에 급작스럽게 가필하는 형식으로 이루어졌다. 1852년 플로베르가 정리한 소설 제1부의 최종적 원고에 따라 정서 담당자는 이렇게 베껴 썼다.

중학교의 큰 시계가 1시 반을 치자 교장 선생님이 자습실로 들어오셨다.(Une heure et demie venait de sonner à l'horloge du collège, quand le Proviseur entres dans l'Étude...)

그리고 플로베르는 이 첫 문장을 지우고 다음과 같이 고쳐 쓴다.

우리가 자습실에서 공부를 하고 있으려니까 교장 선생님께서 (어떤 평복

　　　　　　　　　『마담 보바리』를 읽는 일곱 가지 방식

차림의 신입생과 큰 책상을 든 사환을 데리고) 들어오셨다.(Nous étions à l'Étude quand le Proviseur entra...)

유명한 소설의 모두는 종종 마지막 순간에 수정되었다. 프루스트의 저 유명한 "오랫동안 나는 일찍 잠자리에 들곤 했다.(Longtemps je me suis couché de bonne heure.)"라는 모두는 이미 쓴 원고를 마지막 순간에 수정함으로써 나타난 것이다. 그의 1909년 이후 작품(『잃어버린 시간을 찾아서』)은 대칭과 메아리와 반사들로 이루어진 복잡한 망의 형식을 취했다. 1909년 12월에 이미 원고는 『잃어버린 시간을 찾아서』그대로의 모습이었지만 소설의 첫 문장은 그 기나긴 작품의 새로운 대단원과 수미일관한 전체를 이루기 위하여 1911년에 가서야 비로소 수정한 것이었다. 프루스트는 1919년 폴 수대에게 보낸 편지에서 이렇게 말했다. "(첫 권의)『콩브레』와 (마지막 권)『되찾은 시간』은 동시에 쓴 것이다. 마지막 권의 마지막 장은 첫 권의 첫 장 바로 다음에 쓰였다."

그와 마찬가지로 모두에서 시골 출신의 어린 소년 샤를을 소외시키는 '우리'는 샤를의 소외가 최악의 상황에 이르는 과정을 기록하는 대단원의 영향을 받아 텍스트의 첫머리에 올라앉게 되었다. 소설의 마지막 페이지를 읽고 책을 덮었던 독자가 호기심에 첫 페이지를 다시 열어 본다면 그는 의당 그 '우리'와 마주칠 것이다. 그는 '우리'가 감당해야 할 역사적 책임에 대해 의문을 품어 볼 수도 있지 않을까? 아마도 플로베르는 소설의 시작과 끝을 맞물리게 해 놓으면서 이렇게 말하고 싶었는지도 모른다. 소설적 환상은 겨우 열두 살 된 어린

아이들을 공장으로 보내는 비정한 사회를 만들어 냈다. 1830년대 부르주아 출신 젊은 아들들이 그토록 자랑스러워했던 그 작은 '지식인 사회'는 또 하나의 다른 사회의 도래를 은폐하기 위한 연막 구실을 한 것은 아닐까?

그러나 사실상 소설의 끝을 장식하는 인물은 열두 살의 가련한 소녀 베르트가 아니라 오메(Homais)다. "오메는 호모 = 인간에서 온 것이다.(Homais vient Homo = l'homme)" 이것은 작가 자신이 '시나리오'에 밝혀 놓은 사실이다. 오메는 뢰르(Lheureux)와 더불어 이 소설에서 엠마의 추락과 반비례하는 상승 곡선을 타는 가장 가시적인 대립의 알레고리다. 이 인물은 플로베르 시대(혹은 우리 시대) 인간 보편의 어리석음과 비열함과 수다스러움의 상징이다. 그는 직업인 약사의 표상이라기보다는 더 보편적으로 진보 사상에 경도된 얼치기 과학자의 표상, '양심 없는 과학'의 상징으로서, 어리석은 구시대의 표상인 부르니지엥 신부의 대척점에 위치한다. 티보데의 표현처럼 "촌구석의 볼테르"라고 할 수 있는 오메는 터무니없는 지적 욕구와 동시에 지적 과시욕에 못 이겨 도처에서 수돗물처럼 수다를 쏟아 내지만 자신의 이해관계에 몰두한 나머지 다른 사람들의 입장과 마음을 헤아리는 데는 철저하게 무관심하다는 특징을 가지고 있다. 그는 자신이 그토록 자신 있게 추천한 연고를 써도 장님의 병이 낫지 않자 스스로의 평판을 지키기 위해 신문 기사를 써서 장님을 쫓아낼 계획을 세운다. 그 행동에는 그의 "지혜의 깊이와 허영심의 파렴치함"이 잘 드러나 있다고 화자는 지적한다. 그는 사르트르의 표현처럼 "똑똑함의 어리석음"의 상징이다. 모든 자리에서 언제나 '과학적' 일가견을 내세우고 새로운 '학설'을 표방하는 그가 정작 레옹이 추파를 던지는 대상을 보바리 부부의 하녀로 착각하고, 그토록 자주 대하는 보바리 부부 사이가 얼마나 멀어지고 있는지에 대해 샤를과 부르니지엥 신부 못지않게 깜깜하다는 사실은 그의 똑똑함의 어리석음을 증명해 준다. 그러나 소설의 대미("Il vient de recevoir la croix d'honneur.")를 장식하는 "훈장"은 그의 허영과 이해관계에 대한 애착의 집요함을 웅변한다. 약사 오메는 마침내 의사 샤를뿐만 아니라 이 마을에 자리 잡은 모든 의사들을 쫓아내고 자신만의 왕국에서 군림하는 데 성공한다. 그의 승리는 곧 새로운 시대의 도래를 말해 준다. 상업과 야비함과 양심 없는 "여론", 과시적 과학이 무자비하게 지배하는 부르주아의 시대가 오고 있다는 것을 예고한다. 현재 시제로 서술된 오메의 승리로 대미를 장식하는 이 소설을 다 읽고 덮었다가 첫 페이지로 다시 돌아가 본다면 독자는 문득 첫 머리의 '우리' 속에 오메가 들어앉기 시작한다는 사실을 깨닫게 될 것이다.

7   대칭, 대립, 메아리, 반사 — 쌍을 이루는 세계

허구의 세계를 하나의 조화롭고 통일된 전체로 형상화하고자 할 때 활용하는 기법 중 하나는 반복, 대비, 대조, 대칭, 대립, 대응, 조응의 형식으로 쌍을 이루는 두 가지 항 사이의 균형, 마주 보기, 메아리, 반사, 반복에 의한 결속, 통합의 실현이다. 쌍을 이루는 두 가지 항이 서로 간에 맺는 관계의 체계는 픽션 속 사건들에 필연성을 부여하는 동시에 그 세계를 통일된 전체로 만드는 데 도움이 된다. 우연으로 가득한 삶이 이러한 반복과 대칭의 체계를 통해서 재편되는 과정에서 필연이나 숙명의 환상이 조성될 수 있는 것이다. 『마담 보바리』에서 이런 대칭 대응 현상은 인물, 장소, 행동, 상황, 작품의 구조, 크고 작은 사물 등 여러 가지 측면에서 나타난다.

이런 각도에서 우선 소설의 배경이 되는 장소들을 살펴보는 것은 매우 흥미롭다. 샤를이 엠마와 결혼한 뒤 처음 정착하는 1부의 마을 토트는 2부에 옮겨 와서 정착하는 용빌과 서로 비교된다. 둘 다 작은 시골 마을이지만 소설이 다루는 방식은 다르다. 티보데의 표현을 빌리자면 토트가 흑백 연필화와 같은 '데생'이라면 용빌은 본격적인 '회화'다. 토트에는 나막신을 신은 여자들, 농부들, 마부, 교사, 시골 순경, 크랭크 오르간을 돌리는 거리의 악사들이 등장하지만 그들에겐 이름이 없다. 반면에 2부의 용빌은 도입부의 2개 장에 걸쳐 매우 긴 장소 묘사의 혜택을 입을 뿐 아니라 보바리 가족이 도착하는 여인숙 '리옹 도르'에는 안주인 르프랑수아 부인, 약사 오메, 서기 레옹, 증세관 비네, 부르니지엥 신부, 여관 주인 텔리에, 성당지기 레스티부두아, 마차를 함께 타고 온 상인 뢰르 등 마을의 대표적인 인물들이 각기 실명으로 한꺼번에 등장한다.

토트, 용빌이 둘 다 노르망디의 소읍에 불과한 데 비하여 3부의 루앙은 큰 도시다. 이 두 가지 공간의 대비는 바로 '지방 풍속'이라는 소설의 부제와 무관하지 않다. 엠마에게 용빌이 권태, 반복, 단조로움, 옹색함, 의무, 편견, 인색한 계산의 공간이라면 도시 루앙은 엠마의 몽상이 달려가는 '작은 파리'다. 그곳으로부터 새로운 책과 잡지,

신상품이 온다. 그곳은 오페라가 상연되고 무도회가 열리며, 많은 사람들이 오가고 있어서 익명성이 보장되는 넓은 공간이다. 소읍의 고루한 편견보다는 자유와 '금지된 사랑'이 이루어지는 곳이다. 그래서 엠마는 역마차 '제비'를 타고 용빌과 루앙을 오간다. 엠마가 숲에서 말을 타고 내려다보는 용빌은 작아 보이다 못해 "증발"한다.

> 엠마는 자기 집을 찾으려고 눈을 지그시 감았다. 자기가 살고 있는 그 보잘것없는 마을이 그렇게까지 작게 보인 적은 한 번도 없었다. 그들이 와 있는 언덕 위에서는 골짜기 전체가 대기 속으로 증발하는 희끄무레한 넓은 호수같아 보였다.(II-9)

반면에 레옹을 만나기 위하여 역마차를 타고 가다가 높은 지점에서 내려다보는 도시 루앙은 광대한 바빌론처럼 보인다.

> 그녀는 그 사랑을 밖으로, 광장으로, 산책로로, 거리거리로 내쏟았다. 그러자 노르망디의 그 해묵은 도시는 그녀가 이제 발 들여놓으려는 그 무슨 어마어마하게 큰 수도처럼, 바빌론의 도시처럼 그녀의 눈앞에 펼쳐지는 것이었다.(III-5)

그러나 루앙은 파리의 축소판에 지나지 않는다. 엠마의 진정한 몽상은 파리를 향해 달리고 있다.

> (담배 케이스의 주인 혹은 자작을 생각하며) 그녀는 지금 토트에 있다. 그런데

남자는 지금 저 멀리 파리에 있는 것이다! 파리라는 데는 어떤 곳일까? 얼마나 엄청난 이름인가! 그녀는 흐뭇하게 음미해 보기 위하여 그 이름을 낮은 목소리로 되뇌어 보았다. 그 이름은 대성당의 큰 종과 같이 그녀의 귓전에 울렸고, 포마드 통의 상표 위에 찍혀 있을 때도 그 이름은 불타는 빛을 뿜어내는 것만 같았다.(I-9)

소설 속에는 실제 엠마가 경험하는 공간, 즉 루앙을 포함한 시골과 엠마가 상상하는 공간인 화려한 대도시 파리가 서로 강박적인 방식으로 대비된다. 19세기 소설 속 젊은이들에게 진정한 삶의 무대는 단연 파리다. 그래서 모든 인물은 파리로 간다. 그러나 으젠 드 라스티냐크나 쥘리앵 소렐과 달리 엠마는 끝내 파리에 이르지 못하고 용빌에서 생을 마감한다.

한편 사건과 관련된 공간의 대비 혹은 대칭 역시 매우 흥미롭다. 엠마와 노련한 여자 사냥꾼 로돌프의 사랑, 혹은 간통이 이루어지는 장소가 숲, 위셰트 성, 엠마의 집 정원 등 열린 공간이라면 그녀가 소심한 레옹과 만나는 장소는 밀폐된 채 달리는 마차 속, 마찬가지로 밀폐된 불로뉴 호텔 같은 도시적이며 닫힌 공간이라는 점에서 대조적이다. 소설 속에는 로돌프의 저택 위셰트와 엠마가 초대받아 가서 춤을 추는 보비에사르, 이렇게 두 개의 성이 등장한다. 용빌에는 여인숙도 르프랑수아 부인의 '리옹 도르'와 뢰르가 파산시키고 마는 '카페 프랑세' 두 곳이 서로 경쟁한다. 농가 역시 두 곳이다. 엠마가 성장한 루오 영감의 농가가 상대적으로 넉넉한 공간을 확보하고 있다면 엠마와 샤를 사이의 딸 베르트를 대신 맡아 키우는 롤레 부인의 농가는

『마담 보바리』를 읽는 일곱 가지 방식

가난하고 협소하다.

소설 속 인물들의 설정과 사건을 살펴볼 때도 쌍을 이루는 인물과 사건들이 주목된다. 우선 샤를에게는 부인이 둘이다. 첫 부인 뒤뷔크 부인과 두 번째 부인 엠마. "말라빠지고 이빨은 길쭉한" 첫 부인이 "마치 칼집에 박힌 듯 옷 속에 찔러 넣어진 딱딱한 허리통"을 가졌다면 엠마는 우아하고 수도원에서 교육받았으며 피아노도 칠 줄 안다. 샤를은 결국 두 번 상처한다. 한편 엠마는 차례로 두 남자의 유혹을 받고 그들과 차례로 바람을 피운다. 상대는 로돌프와 레옹이다. 로돌프는 농사 공진회 때 시청 2층에서 참사관의 연설과 마을 사람들이 와글대는 모습을 내려다보며 엠마를 유혹하고 레옹은 루앙의 대성당 안에서 성당지기의 끊임없는 안내 권유를 뿌리치며 엠마를 유혹한다. 항상 진보와 과학을 내세우는 오메와 구시대를 대변하는 신부 부르니지엥은 그 어리석음에서 마주 보는 쌍둥이다. 이폴리트는 안짱다리 때문에 두 번 수술을 한다. 샤를의 첫 번째 수술은 실패다. 그래서 카니베가 불려 와서 다리를 절단한다. 샤를이 '오피시에 드 상테(officier de santé)'에 불과한 하급 의료인이라면 카니베와 라리비에르 박사는 용빌 밖에서 불려 오는 진짜 의사로 그들의 실력과 권위가 서로 대비된다. 엠마의 결혼 행렬은 소설의 대미를 장식하는 그녀의 장의 행렬과 대칭을 이룬다. 엠마는 두 번의 무도회에 참석한다. 보비에사르 성에서의 무도회는 그녀의 사랑과 사치의 몽상을 자극하는 기폭제가 되지만 루앙에서 레옹과 함께 참가하는 가면무도회는 그로테스크한 악몽 같은 경험으로 이 두 가지 무도회의 대칭 관계는 그녀의 삶이 내리막길을 걷는 모습을 보여 준다. 두 번의 농촌 축제인 엠마의 결혼식과 농사 공진회는 '지방 풍속'의 풍자적 묘사의 대상이 되고 엠마의 시골 농가의 결혼식 피로연과 보비에사르 성에서의 귀족 만찬은 그 규모와 격조에 있어 흥미로운 대조를 보인다.

『마담 보바리』에는 유난히 반복적으로 눈에 띄는 물건과 색깔이 있다. 엠마의 거의 모든 소유물이 청색이라는 사실에는 여러 비평가가 주목했다. 마차, 모자 등도 자주 등장할 뿐만 아니라 등장할 때마다 비교적 소상한 묘사의 대상이 되고 있다. 쉽게 지나치기 쉬운 사물들이 둘씩 쌍을 이루며 등장하는 경우는 더러 세심한 비평가의 주목을 받는다. 오메의 약방에 진열된 약병은 두 가지로 붉은 병과 초록 병이고 기요맹의 대문을 장식하는 주물 항아리도 두 개, 뢰르의 상점에는 간판 역할을 하는 트랭글이 두 개이며, 레옹이 엠마에게 선물한 덧신은 공증인 기요맹이 "사랑의 선물"로 받았다는 덧신과 상응한다. 엠마의 결혼 꽃다발과 첫 부인 뒤뷔크 부인의 결혼 꽃다발은 중요한 순간에 클로즈업되며 대비된다. 비유의 차원에서 등장하는 검은 나비의 상승과 흰 나비의 하강도 대조적이다. 엠마가 불에 태운 자신의 결혼 꽃다발은 "검은 나비"처럼 굴뚝 속으로 "날아갔"지만 그녀가 레옹과 루앙 시내를 달리는 마차 속에서 뜨거운 시간을 보내며 찢어 버린 편지 조각들은 "하얀 나비 떼처럼" 클로버 꽃밭 위로 "떨어졌다." 클로드 뒤셰는 '둘'이라는 숫자가 농사 공진회 장면에서만 무려 열여덟 번이나 반복된다는 사실을 지적했다. 가령 로돌프는 엠마를 유혹하며 그들 "가난한 두 영혼"이 마침내 만났다고 말한다. 반면 오메는 축제의 건배사를 하며 "두 자매 관계와도 같은 공업과 미술을!" 찬양한다.

플로베르는 자주 두 개의 장면, 두 가지의 행동을 나란히 병치함으로써 그 강한 대조에 의하여 인물의 성격이나 태도의 차이를 강조하고 반복을 통한 운명의 필연성을 암시하기도 하고 삶의 아이러니나 그로테스크한 면을 드러나게 한다. 플로베르는 편지에서 이렇게 말했다. "나는 모든 것에 쓰디쓴 맛이 들어 있기를 바란다. 우리가 승리의 기쁨에 취해 있을 때 끝없는 호루라기 소리가 들리고 열광의 순간 속에 비통한 일이 생기기를 바란다."(1853년 3월 27일의 편지) 이것은 바로 대립적이거나 이질적인 요소들의 병치에서 얻는 효과를 의미한다. 마치 가장 심각한 순간, 즉 고독과 침묵이 필요한 명상의 순간을 일부러 택한 듯이 등장하여 어리석고 엉뚱한 말과 행동으로 그들 자신뿐만 아니라 명상에 잠기는 이의 어리석음과 삶 자체의 무의미함을 강하게 노출시키는 역할을 하는 오메의 행동이 그 좋은 예이다. 오메는 가령 파리로 떠나는 레옹을 생각하며 안타까운 마음을 가눌 길 없는 엠마를 찾아와서 그런 사랑의 감정과 완전히 동떨어진 허튼소리를 늘어놓고(II-6) 제사 공장 견학 중 "산속의 하늘 비친 호수보다도 더 맑고 더 아름답게" 보이는 레옹의 두 눈을 바라보며 몽상에 잠기는 엠마 앞에서 "이제 막 석회 더미로 뛰어들어 구두를 하얗게 칠하려는" 아이에게 달려가며 소리를 질러 대고(II-5) 로돌프가 절교 편지를 남기고 떠나 버린 뒤 엠마가 기절 직전인 상태일 때 찾아와서 현학적이고 엉뚱한 소리들을 늘어놓고(II-13) 오랜만에 루앙을 방문했을 때, 엠마가 루앙의 호텔에서 레옹이 오기를 애타게 기다리고 있다는 것을 알지 못한 채 끝없는 수다를 떨어 대며 레옹을 붙잡고 놓아주지 않는다.(III-6) 이런 행동들은 평소 어디든 빠지지 않고 끼어들어서 무슨 문제에 대해서든 자기 나름의 과학적 답과 이론을 장황하게 과시적으로 늘어놓는 오메가 실제로는 자신이 가장 가까이 대하는 이웃들의 사정과 마음에 대해서는 아무것도 모른다는 점을 여실히 드러내는 것이기도 하다. 그는 사실 자기 자신밖에 생각하지 않는 인물인 것이다. 그의 행동은 3부 1장의 유명한 루앙 대사원 장면에서 레옹이 성당 안에서 엠마를 초조하게 기다리고 있는 동안 대성당을 안내해 주겠다며 끈질기게 그를 따라다니는 성당지기의 행동과 유사하다. 이 두 인물은 자기 자신의 관심에만 매몰되어 바로 옆 사람의 감정이나 관심사에는 철저하게 무지함을 노출한다. 이 모든 '동상이몽'은 강한 대조를 통해서 인간의 어리석음에 대한 플로베르 특유의 비판적 시선을 보여 준다. 너무나 로마네스크한 엠마와 너무나 산문적인 샤를은 서로 만나면 안 되는 부부여서 결국 실패한다. 소설의 주된 줄거리는 그들 부부의 서로 대비되는 성격과 행동이다. 이들 부부는 오메와 뢰르라는 두 인물과 서로 대비된다. 샤를-엠마 부부의 실패에 대응하여 쌍을 이루듯 이들의 실패를 딛고 성공하는 두 인물이 오메와 뢰르인 것이다. 이들 두 쌍의 인물들의 실패와 성공의 과정을 통해서 플로베르는 19세기의 시대적 특징을 그려 보인다.

엠마는 자신의 심리적 욕망, 즉 몽상을 통해서 현실을 바라본다. 어떤 의미에서 엠마는 객관적 현실과, 주관적 현실에 불과한 환상을 서로 구별하지 못한다. 그는 환상을 살고 있고 그 환상을 구체화하고자 한다. 그때 현실과 환상, 사실과 거짓이 동시에 서로 대비되어 나타날 수도 있다. 이런 교향악적인 대응 체계는 이 소설의 서술 방식의 중요한 특징의 하나다. 마리오 바르가스 요사는 이 소설에 나타난 언어 표현과 실제 경험적 사실 사이의 대조와 괴리에 주목했다. 과연『마담 보바리』는 실제 사실과 언어적 표현을 독자에게 동시적으로 병치시켜 보여 줌으로써 엠마의 보바리즘, 오메의 파렴치함, 그리고 로돌프의 거짓과 동시에 어리석음의 인간 희극을 실연(實演)시킨다. 그 언어 표현 중의 하나는 책, 특히 소설책이다. 현실에 만족하지 못하는 엠마는 수도원 시절부터 소설 속에서 만족을 구한다. 이때 소설은 현실의 왜곡이며 '낭만적 거짓'이다. 마침내 로돌프라는 애인이 생기자 그녀는 자신이 소설 속의 주인공이 된 것으로 여긴다. "그때 그녀는 옛날에 읽었던 책 속의 여주인공들을 상기했다. 불륜의 사랑에 빠진 서정적인 여자들의 무리가 그녀의 기억 속에서 공감 어린 목소리로 노래하기 시작하며 그녀의 마음을 사로잡았다. 그녀 자신이 이런 상상 세계의 진정한 일부로 변하면서 그녀는 예전에 자신이 그토록 선망했던 사랑에 빠진 여자의 전형이 바로 자기 자신이라고 여기게 되었다. 이리하여 젊은 시절의 긴 몽상이 현실로 변하고 있는 것이었다."(II-9) 레옹의 눈에 비친 엠마 역시 마찬가지다. 루앙의 호텔에서 서로 만난 두 사람. 레옹에게 "그녀는 모든 소설에 등장하는 사랑에 빠진 여자, 모든 연극의 여주인공, 모든 시집의 막연한 그녀였다."

객관적 현실과 대비되는 또 한 가지 언어 표현은 편지다. 함께 사랑의 도피 행각을 약속하고 부담을 느낀 로돌프는 엠마에게 절교 편지를 쓴다. 그때 실제 그의 마음(현실)과 언어 표현(편지)는 전혀 별개의 세계여서 그 두 가지의 대비와 병치는 로돌프의 거짓을 구체화해 준다. 이와 유사한 경우로 오메가 작성하는 신문 기사들이 있다. 우스꽝스러운 농사 공진회를 과장된 미사여구의 기사로 옮긴 경우나 약사로서 자신의 명성에 장애가 되는 장님 거지를 그 지역에서 쫓아내기 위하여 그를 공격하는 기사를 쓰는 오메는 바로 언어 표현을 통하여 그의 "똑똑함의 어리석음"뿐만 아니라 치유할 길 없는 부르주아의 파렴치를 드러낸다.

8   숙명의 소설, 그로테스크의 소설

플로베르는 『마담 보바리』가 그의 "심리 과학의 집성이 될 것이며 오직 그런 면에서 독창적인 가치를 지니게 될 것"이라고 말했다. 실제로 이 소설의 결말은 미리부터 여주인공 엠마의 성격과 기질에 의하여 결정되고 또 그 성격과 기질 자체는 그녀의 성장 및 교육 과정과 주위 환경에 의하여 규정된 것이라고 볼 수 있다. 작가는 실제로 엠마의 성장 환경을 서술하는 데 1부 6장 전체를 할애한다. 여주인공이 수도원에서 보낸 소녀 시절은 그녀의 저 유명한 '보바리즘'이 형성되는 결정적인 계기가 되며 동시에 이 소설을 실패와 환멸의 소설, 나아가 숙명의 소설로 만드는 요인이 되기도 한다. 쥘 드 고티에가 명명한 '보바리즘'이란 "스스로를 있는 그대로의 자신과 다르게 상상하는 기능"을 말한다. 이것은 환상이 자아내는 병이다. 이 병은 현실에 대한 끝없는 불만을 유발한다. 그래서 그녀는 "감정적 욕구를 당장에 만족시키는 것이 아니면 무엇이나 다 무용한 것이라 하여 물리쳤다." 이런 성격의 인물은 이상과 욕망의 안경을 바라보면서 현실을 변형시킨다.

엠마는 수도원에서 소녀 시절을 보내는 동안 너무나 많은 소설을 읽었다. 물론 조야한 '낭만적' 소설들이다. "그 내용은 한결같이 사랑, 사랑하는 남녀, 쓸쓸한 정자에서 기절하는 박해받은 귀부인, 역참마다 살해당하는 마부들, 페이지마다 지쳐 쓰러지는 말들, 어두운 숲, 마음의 혼란, 맹세, 흐느낌, 눈물과 키스, 달빛 속에 떠 있는 조각배, 숲속의 밤꾀꼬리, 사자처럼 용맹하고 어린 양처럼 부드럽고 더할 수 없는 미덕의 소유자로서 언제나 말쑥하게 차려입고 물동이처럼 눈물을 평평 쏟는 신사분들뿐이었다."(I-6) 이 여자는 상상력 과잉의 병에 걸린 것이다. 그녀의 시선과 현실 사이에 가로놓인 색유리는 현실의 모습을 변형시킨다. 그녀의 시선과 욕망의 대상 사이에는 서로 연결하는 매개물이 필요한데 그 역할을 소설책이 맡아 준다. 그래서 그녀는 소설을 읽고 노래와 종교에 몰입한다. "장식해 놓은 꽃들 때문에 교회를 사랑하고, 연애를 이야기하는 가사 때문에 음악을 사랑하고, 정념을 자극하는 맛 때문에 문학을 사랑한다."(I-6) 후일 로돌프는 이런 엠마의 성격과 기질을 간파하고 농사 공진회 날 바로 그러한 진부한 낭만주의의 감언이설로 그녀를 유혹하는 데 성공한다.

엠마는 현재보다 미래나 과거에 더 집착한다. 미래는 모든 욕망과 환상의 시간이다. 그녀는 마음 깊은 곳에서 "어떤 돌발 사건이 일어나기를 기다린다." 미래의 기대가 현재 속에서 실현되지 못하면 그 내면적 환상은 과거에 대한 향수를 비춘다. "그 시절은 얼마나 행복했던가! 얼마나 많은 자유! 희망! 얼마나 풍성한 환상에 차 있었던가! 지금은 이미 아무것도 남은 것이 없다! 그녀는 처녀 시절, 결혼, 연애, 이렇게 차례로 모든 환경들을 거치면서 갖가지 영혼의 모험들에 그

걸 다 소비해 버리고 말았던 것이다."(II-10) 과거에 대한 향수는 이처럼 현실 속의 실패를 더 많이 투영해 보인다.

엠마는 또한 눈앞의 현실보다 '다른 곳'에 더 많이 집착한다. "가까운 곳에 있는 것일수록 그녀의 생각은 그것에서 멀어져 갔다. 그녀를 가까이 둘러싸고 있는 모든 것, 권태로운 전원, 우매한 소시민들, 평범한 생활 따위는 이 세계 속에서의 예외, 어쩌다가 그녀가 걸려든 특수한 우연에 불과한 반면, 저 너머에는 행복과 정열의 광대한 나라가 끝 간 데 없이 펼쳐져 있는 것처럼 생각되었다."(I-9) 그래서 그녀는 로돌프와 함께 '다른 곳'으로 떠나고 싶어 했던 것이다. 그 '다른 곳'은 수도원에서 읽은 소설책이나 그림 속에 나오는 풍경이며 그가 당장에 갈 수 없는 저 화려한 도시 파리 같은 곳이다. 답답한 농가의 딸 엠마는 샤를 보바리가 단지 '다른 곳'에서 나타난 남자이기 때문에 그와 결혼하게 된 것이다.

엠마의 몽상은 타인의 모습을 변형시켜 바라보게 한다. 보비에사르 성관에서 엠마는 늙은 라베르디에 공작이 접시 위에 몸을 구부리고서 어린아이처럼 "입에서 소스를 뚝뚝 흘리면서" 말을 더듬거리는 꼴을 보게 되는데, 그 노인이 옛날에 "궁정에서 살았고 왕비들의 침대에서 잤다"는 사실을 알자 엠마의 눈길은 "무의식중에 특별하고 고귀한 그 무엇에 끌리듯 이 입술이 처진 노인 쪽으로 자꾸만 쏠리는 것이었다."(I-8) 레옹이 루앙 대성당에서 나와 그녀를 마차에 태우려 할 때 사양하는 그녀에게 던진 "파리에서는 흔히 있는 일인걸요!"라는 한마디 말은 "거역할 수 없는 논거인 양"(III-1) 그녀의 마음을 움직인다.

플로베르는 엠마의 성격적 본질인 '보바리즘'을 통해서 19세기 초반을 물들였던 낭만주의를, 그리고 『마담 보바리』를 쓰기 이전 자신이 실제로 경험했고 아직도 자신의 내부에 잔존하는 낭만주의적 기질을 유감없이 해부하여 보여 주며 비판적 시선을 던질 수 있었다.

이처럼 성장 과정과 교육과 시대적 환경에 의하여 결정된 엠마의 낭만적 욕구와 기질은 짧은 생애 동안 그녀의 환상과 감정과 행동을 지배하는 결정적 요인이 된다. 그렇기 때문에 이 소설에서는 극적인 행동보다는 여주인공의 심리 분석에 더 무게가 실려 있다. 앞에서 그 일면을 살펴보았던 시점 전환은 단조롭고 사소한 작은 일들에 대한 인물의 시선을 통해 인물의 내면을 분석해 보이는 기회가 된다. 특히 소설은 여주인공 엠마의 시선, 태도, 말을 통해서 감정들의 연쇄와 변화 과정을 세밀한 터치로 그리면서 그녀를 결정적이고 필연적인 결말로 인도한다. "감정들의 연쇄는 내게 지독한 고통거리다. 그런데 모든 것은 그것에 달려 있다. 우리는 사실들 못지않게 여러 가지 마음속 생각들을 가지고 흥미를 끌 수 있다고 믿고 있으니까 말이다. 그러나 그러자면 하나의 생각에서 다른 생각이 흘러나오는 식으로 이어져야 한다."라고 플로베르는 말하고 있다.(1852년 12월 22일 루이즈 콜레에게 보낸 편지)

엠마의 삶은 과연 그녀가 받은 교육과 독서와 환상, 그리고 그녀가 몸담아 사는 단조롭고 쩨쩨한 환경이 불러일으키는 감정들의 연쇄에 따라 느리고 복잡한 과정을 거치면서 엠마를 돌이킬 수 없는 최후의 결말로 인도한다. 이런 의미에서 『마담 보바리』에서는 어느 면 '결정론적'인 설정이 감지된다. 그래서 이 소설은 숙명의 소설로 읽힐 수 있다. 숙명의 필연성은 앞의 시점 전환에 대한 분석에서 보았듯이 소설의 입구와 출구에 위치한 저 어리석고 답답한 샤를에 에워싸인 채 소설 속의 수인이 된 듯한 엠마의 서술적 위치로도 상징되고 있다.

그런데 이 작품이 주는 필연성의 인상 이면에는 물론 상상력 과잉이라는 엠마의 성격이 깔려 있지만 타고난 성격만이 삶의 방향을 결정하는 것은 아닐 수도 있다. 인간은 의지와 실존적 결단에 의하여 운명에 도전함으로써 자신의 삶을 만들어 가기도 한다. 그러나 엠마의 보바리즘 속에는 결단과 의지의 결핍도 포함된다. 엠마는 단 한 번도 자신의 욕망에 대하여 적극적으로 저항하지 못한다. 이처럼 여러 가지 면에서 숙명적인 엠마는 동시에 불행한 '우연', 아니 '우연들의 연쇄'의 희생자이기도 하다.

"플로베르는 겉보기에 우연의 결과로 일어난 것 같지만 결국은 이야기를 대단원으로 끌고 가는 수많은 사건들을 보여 준다. 그래서 『마담 보바리』를 하나의 비극으로 읽을 수도 있다. 그럴 경우 우리가 우연의 연쇄라고 여긴 것에 대하여 어떤 신의 의지가 답을 보낸 셈이 된다. 엠마는 최후의 불운, 즉 차압을 면하기 위한 돈을 구하지 못한 것 때문에 그 전에 이어진 수많은 불운의 벌을 받은 것으로 볼 수 있다."(피에르루이 레) 실제로 소설은 여주인공이 수많은 불운들이 서로 맞물리는 연쇄에 의하여 죽음에 이르는 이야기다. 그 불운의 시작에는 샤를과의 만남과 결혼이 있다. 로마네스크한 엠마에게 "초라하고 나약하고 가치 없는", 요컨대 어느 면으로 보든 한심하고 범용한 남자 샤를처럼 어울리지 않는 상대도 없을 것이다. 그런 남자를 만난 것은 엠마의 불운이다. 어쩌면 엠마는 그녀의 꿈과 관능을 만족시켜 줄 수

『마담 보바리』를 읽는 일곱 가지 방식

있는 남자를 만나 결혼할 수도 있었을 것이다. 엠마는 그토록 파렴치한 로돌프나 그렇게까지 소심한 레옹이 아닌, 실제로 그녀를 사랑하는 이상적인 연애 상대를 만날 수는 없었을까? 이 또한 그녀의 불운이다. 그래서 엠마는 "다른 남자에게 몸을 맡겼던 일을 울면서 뉘우쳤었다." 그런데 샤를은 안짱다리 수술에 실패함으로써 본분인 의사로서의 무능을 드러내어 엠마의 마지막 기대를 저버린다. 그렇다면 샤를은 왜 자신의 능력으로 감당할 수도 없는 수술을 단순히 오메의 권유만으로 실행했던 것일까? 그리고 대체 오메는 왜 그런 무모한 수술을 권유했던 것일까? 이 또한 엠마의 불운이다. 엠마는 "아들을 갖고 싶었다. 튼튼한 갈색 머리의 애였으면 했다. 이름은 조르주라고 지으리라. 이렇게 사내아이를 갖게 된다고 생각하니 마치 과거의 모든 무력감에 대하여 희망으로 앙갚음하는 느낌이었다. 남자로 태어나면 적어도 자유로울 수 있는 것이다." 그런데 엠마는 딸을 낳은 것이다. 이것 역시 그녀의 불운이다. 절망에 빠진 엠마는 종교를 통해 구원을 찾고자 했다. 그런데 그녀를 맞이한 신부는 엠마의 영혼보다는 어린아이들의 교리 문답에 더 정신이 팔린 부적격의 고해 신부 부르니지앵이다. 이 또한 엠마에게는 구원받을 기회의 상실이며 불운이다. 종교에도 자식에게도 마음 붙일 수 없다면 적어도 마음을 털어놓을 수 있는 친구를 만날 수도 있었을 것이다. 그러나 그녀에게 친구라고는 무미건조하고 몰취미한 오메 부인뿐이다. 엠마와 샤를의 불행을 본의 아니게 초래하는 계기가 되는 것은 뜻밖에도 샤를 자신이다. 엠마에게 로돌프와 함께 승마를 권유하여 간통의 빌미를 준 것은 남편인 샤를이었다. 오페라를 보다가 나와서 만난 레옹이 있는 자리에서 루앙에 하루 더 체류하라고 권유하여 엠마가 레옹의 마차에 오를 기회를 준 것도 남편인 샤를이었다. 어리석은 샤를과 오메는 자신도 모르게 운명의 기로에서 몇 번씩이나 엠마를 불행의 길로 들어서게 한다.

그러나 '숙명의 소설'을 이야기하자면 무엇보다도 소설의 끝에 등장하는 샤를 자신의 '운명론'을 상기하지 않을 수 없다. 엠마가 자살한 뒤 시장에서 우연히 로돌프와 마주친 샤를은 이제 더 이상 로돌프를 원망하지 않는다면서 "태어나서 여태껏 한 번도 입에 담아 본 적이 없는, 단 한마디 엄청난 말"을 한다. "이게 다 운명 탓이지요!(C'est la faute de la fatalité!)" 그 말을 듣자 문제의 "운명을 인도한 당사자"인 로돌프는 "그런 처지에 놓인 사내가 하는 말치고는 어지간히도 마음 좋게 들릴 뿐 아니라 우스꽝스럽기조차 했고 약간 비굴하게도 느껴졌다."라고 생각한다. 아니 비판한다. 그런데 과연 로돌프는 그런 비판적 생각을 할 자격이 있기나 한 것일까? 이 소설에서 '운명(fatalité)'이라는 말을 먼저, 그것도 위선적 의도를 가지고 사용한 것은 로돌프 자신이었다. 그는 엠마를 배신하고 버리기 직전 그녀에게 편지를 쓰면서 바로 그 표현을 활용했다. "왜 당신은 그다지도 아름다웠던 것인가요? 내가 나쁜 걸까요? 오, 하느님! 아니지요, 아니지요, 오로지 운명만을 탓해 주십시오!" 이렇게 편지를 쓴 그는 혼자 생각한다. '이 문구는 언제나 효과가 있거든.' 여기서 '숙명'이란 로돌프의 상습적 수사에 불과한 것으로 결국은 『마담 보바리』를 그로테스크한 부르주아적 거짓에 대한 풍자의 소설로 변화시킨다.

플로베르는 독자와 만나고 헤어지는 작품의 입구와 출구에 최대한의 '아이러니와 비통한 해학'을 할애했다. 왜냐하면 작가가 가장 국외자적인 시선으로 사태를 바라보는 자리가 바로 그 지점이기 때문이다. 『마담 보바리』는 그래서 숙명의 소설이기 이전에 작가가 자신의 시대와 나아가 다가올 시대에 던지는 통렬한 해학인 동시에 하나의 경고다. 그 경고가 지극히 우회적이어서 사람들의 눈에 잘 띄지 않지만 바로 그렇기 때문에 오래도록 남아서 독자의 마음 깊은 곳을 찌른다. 모든 진정한 해학이 그렇듯 이 소설이 암시하는 웃음 속에는 동시대의 삶을 바라보는 시선의 비통함이 서려 있다.

김화영　서울대학교 불어불문학과와 동 대학원을 졸업하고 프랑스 엑상프로방스 대학에서 알베르 카뮈 연구로 박사 학위를 받았다. 고려대학교 불어불문학과 교수를 역임했으며 현재 고려대학교 명예교수, 대한민국예술원 회원이다. 저서로 『여름의 묘약』, 『문학 상상력의 연구』, 『행복의 충격』, 『바람을 담는 집』, 『한국 문학의 사생활』 등 20여 권이 있고 역서로 미셸 투르니에, 파트리크 모디아노, 로제 그르니에, 르 클레지오 등의 작품들과 『알베르 카뮈 전집』(전 20권), 『마담 보바리』, 『지상의 양식』, 『섬』, 『목신의 오후』 등 100여 권이 있다. 팔봉비평문학상, 인촌상을 수상했고 1999년 최고의 불문학 번역가로 선정되었다.

현실의 지평을 넓히다

가르시아 마르케스의 『백년의 고독』 읽기

송병선 (울산대학교 스페인중남미학과 교수)

가브리엘 가르시아 마르케스(Gabriel García Márquez, 1927~2014)

콜롬비아의 아라타카타에서 태어나 외조부의 손에서 자랐다. 20세에 콜롬비아 대학에 들어가 법을 공부했지만 정치적 혼란 속에서 학교를 중퇴하고 자유파 신문인 《엘 에스펙타도르》에서 기자 생활을 시작했다. 1954년 특파원으로 로마에 주재하면서 본국의 정치적 부패와 혼란을 비판하는 칼럼을 쓴 것을 계기로 파리, 뉴욕, 바르셀로나, 멕시코 등지를 떠돌며 유배 아닌 유배 생활을 했다. 『썩은 잎』, 『아무도 대령에게 편지하지 않다』, 『불행한 시간』, 『백년의 고독』 등 저항적이고 풍자 정신이 넘치는 작품을 발표하던 중 1982년 노벨 문학상을 수상했다. '마술적 사실주의의 창시자'라는 헌사와 함께 작품성과 대중성을 동시에 인정받으며 평생 글을 썼다. 그 밖의 작품으로 『콜레라 시대의 사랑』, 『예고된 죽음의 연대기』, 『내 슬픈 창녀들의 추억』, 자서전 『이야기하기 위해 살다』 등이 있다.

1 신화와 전설의 세계로 들어간 가르시아 마르케스

2014년 6월 5일 뉴욕의 유엔 컨퍼런스 빌딩에서는 카리브해의 바예나토 음악이 울려 퍼지는 가운데 콜롬비아의 소설가 가브리엘 가르시아 마르케스를 추모하는 강연회가 열렸다. 이 강연회에서 반기문 유엔 사무총장은 가르시아 마르케스가 평생을 사회 부정과 탄압에 맞서 싸운 작가라고 강조하면서, 훌륭한 작품으로 불멸이 된 다른 거장들과 함께 영원히 살아 있을 것이라고 확신했다. 그리고 가르시아 마르케스의 친구들은 그가 남긴 농담과 일화를 전하며 그의 삶과 그의 작품이 세계 문학에 끼친 영향을 조명했다.

20세기 세계 문학의 별이었던 가르시아 마르케스는 2014년 4월 17일 성목요일에 세상을 떠나 전설과 신화의 세계로 들어갔다. 그날은 바로 『백년의 고독』의 주인공이라고 볼 수 있는 우르술라 이구아란이 115세의 나이로 세상을 떠난 날이었다. "20세기의 세르반테스"라고 불리는 가르시아 마르케스는 스페인어권의 가장 위대한 작가였고, '마술적 사실주의'라는 현대 예술 사조의 선구자이자 최고봉이었다. 그는 유명 운동선수나 영화배우에 버금가는 인기를 누리며 세계의 독자를 사로잡았고 그들의 사랑을 한 몸에 받은 작가였다. 그러나 그가 원한 것은 인기나 명예도 아니었고, 노벨 문학상도 아니었으며, 불후의 명작을 쓰는 것은 더더욱 아니었다. 그는 친구들에게 더 많은 사랑을 받기 위해 글을 쓴 작가였다.

20세기 후반부터 지금까지 세계 예술 사조를 이끌고 있는 '마술적 사실주의'는 여러 나라 작가들에게 엄청난 영향을 끼치면서 수많은 추종자를 낳았는데, 그중 대표적인 작가가 바로 살만 루슈디와 토니 모리슨이다. 《뉴욕 타임스》에 실린 가르시아 마르케스의 추모 기사에서 조너선 캔델은 가르시아 마르케스가 비평계뿐만 아니라 수많은 독자들의 사랑을 누린 몇 안 되는 중요한 작가이며, 찰스 디킨스, 레프 톨스토이, 어니스트 헤밍웨이 같은 세계적인 작가들과 어깨를 나란히 한다고 단언한다. 최근 40년 동안 가르시아 마르케스의 명성에 도전할 수 있는 작가는 흔치 않았다.

실제로 20세기 문학을 살펴보면 이런 현상이 확인된다. 문학계가 이의를 달지 않고 만장일치로 중요하다고 여기는 이름인 조이스, 프루스트, 카프카, 포크너, 울프 등은 20세기 전반부의 작가들이다. 20세기 후반부의 이름은 가르시아 마르케스가 유일하다. 그래서 1967년에 출간된 그의 대표작 『백년의 고독』은 전통과 근대성의 충돌을 보여 주는 정점으로서 전 세계 베스트셀러로 자리 잡은 '세계화'된 소설이자 현대의 고전으로 여겨진다.

그가 독자들로부터 사랑받고 있다는 사실은 그의 작품 제목이 널리 사용되는 것에서도 드러난다. 전 세계의 신문이나 방송에서 '백 시간의 고독', '예고된 재앙의 연대기', '독재자의 가을', '자본주의 시대의 사랑'과 같은 표현을 마주치는 것은 그리 힘들지 않다. 우리나라의 문학만 살펴봐도 『백년여관』(임철우), 『백년 동안의 세계대전』(서효인), 『백년간의 비밀』(이원구), 『백년 동안의 침묵』(박정선) 등 그의 대표작을 연상케 하는 작품을 쉽게 접할 수 있다.

2 가르시아 마르케스의 유산 — 그의 작품들과 지리적 공간

가르시아 마르케스의 작품에서 카리브해는 가장 중요한 무대이다. 그의 창조적 샘물이었던 카리브해 지역은 여러 인종과 문화가 뒤섞인 곳이며, 신화라는 구전의 전통이 현대까지도 살아 숨 쉬고, 볼레로라는 대중가요에 사용되는 연애시가 곳곳에서 낭송되며, 쿰비아와 바예나토 같은 전통 음악이 울려 퍼지는 곳이다. 그는 카리브해가 인간과 자연환경, 그리고 일상사가 완벽하게 공존하는 지역이라고 지적하면서, 자기는 카리브해를 제외하고는 그 어떤 곳에서도 이방인처럼 느껴진다고 수차에 걸쳐 말했다. 이것은 가르시아 마르케스의 기질과 개성, 그리고 생활 방식을 비롯해, 겉모습을 중요하게 여기지 않고 유머를 즐기며 따뜻하고 단순하고 소박한 그의 성격이 카리브해 지역의 주민들과 일치한다는 것을 보여 준다.

가르시아 마르케스의 초기 단편 소설부터 마지막 소설까지 거의 대부분의 주인공들은 카리브해 지역과 깊은 관련을 맺고 있다. 우선 첫 소설인 『썩은 잎』(1955)에서 카리브해 지역은 바나나 열병이 닥치던 시기와 그 이후의 몰락으로 나타난다. 이 작품에서 카리브해는 바로 그의 고향 아라카타카를 떠올리게 하는 상상의 마을인 마콘도의 모습을 보여 주면서, 아우렐리아노 부엔디아 대령 같은 인물과 『백년의 고독』에 통합되는 정치와 경제와 사회적 상황을 담은 소우주를 예고한다.

파리에서 극단적 가난을 겪으며 쓴 『아무도 대령에게 편지하지 않다』(1961)의 무대는 그가 젊은 시절에 가족과 함께 여러 번 들렀고,

수많은 늪지와 하수구로 인해 '물의 국가'라고 알려진 수크레라는 곳이다. 이국적인 전설과 이상한 인물로 가득한 이 지역은 가르시아 마르케스의 몇몇 단편과 연대기와 소설에서도 모습을 보인다. 이 중편 소설의 주인공은 오지도 않는 연금 소식을 평생 기다리는 퇴역 대령인데, 이 대령은 그의 외조부 니콜라스 마르케스를 떠오르게 한다.

수크레는 『불행한 시간』(1962)의 공간적 배경이기도 하다. 이 작품은 그 마을이 겪는 긴장과 불확실성을 다루면서, 중상모략으로 점철된 익명의 전단지들을 통해 마을 주민들의 추잡한 내면을 드러낸다. 가르시아 마르케스는 그 시기에 알베르 카뮈의 『페스트』에 영향을 받아, "콜롬비아 문학은 죽은 자들의 목록"이라고 지적하면서 자유당과 보수당의 정치 폭력을 다룬 수많은 작품이 살아남은 사람의 고통보다는 죽은 사람들만을 다루고 있다고 비판한다. 그래서 이 작품은 양당의 대립으로 생긴 폭력 사태를 직접적으로 언급하지 않고, 폭력의 결과로 고통받는 마을이라는 메타포를 통해 위태위태하게 살아가는 사람들에 초점을 맞추고 있다.

가르시아 마르케스는 수크레를 배경으로 전개되는 또 다른 소설에서 저널리즘과 문학을 멋지게 융합한다. 카리브해의 열대 지방을 소재로 한 비극이며 기존 탐정 소설의 구조와 반대되는 형식을 취하는 『예고된 죽음의 연대기』(1981)는 카예타노 헨틸레(주인공 산티아고 나사르의 모델)가 수크레 근교의 차파랄 마을에 사는 젊은 여선생의 처녀성을 빼앗았다는 이유로 고발당하고 명예를 되찾으려는 그녀의 오빠들에게 살해당한 실화에 바탕을 둔다. 여기에서도 그는 범죄가 만연한 시기의 국가가 겪는 일반화된 폭력을 소설의 중심 주제로 삼는다. 그러면서 "살기 편하고 미인이 많은 낙원 수크레는 급작스럽게 발생한 지진과 같은 정치적 폭력에 휩쓸려 버렸던 것이다. 카예타노의 죽음은 하나의 전조에 불과했다."라고 밝힌다.

『백년의 고독』(1967)에서 카리브해는 가르시아 마르케스의 고향 아라카타카를 중심으로 나타난다. 수많은 비평가들이 "라틴 아메리카 최고의 소설" 혹은 "세계 최고의 소설"이라고 극찬한 이 작품에서는 환상적인 사건을 일상적이거나 정상적으로 묘사하고, 일상적인 사건을 마술적으로 보여 주는 마술적 사실주의가 극대화된다. 가르시아 마르케스는 젊은 시절부터 이 소설을 '집'이라는 제목으로 작업하고 있다고 여러 친구들에게 여러 번 이야기했다. 그러나 그 생각은 그의 어머니가 아라카타카의 집을 팔러 가는 길에 그에게 함께 가자고 한 1950년에야 비로소 구체화된다. 아라카타카에서 그는 후텁지근한 날씨에 도로에서는 먼지가 일며 가난과 절망에 빠진 마을을 본다. 그는 그때까지 구상하고 있던 작품을 버리고, 상상의 마을인 마콘도가 처음 설립되면서부터 부엔디아 가족의 마지막 구성원의 죽음으로 해체되기까지의 대서사시를 서술하기로 마음먹는다.

이 구상이 작품으로 구체화된 것은 15년이 지나서였다. 가르시아 마르케스는 멕시코시티를 떠나 아카풀코로 휴가 여행을 가는 도중에 이 작품에 걸맞은 형식을 찾았다. 그전까지는 세부적인 사항들만 점검하고 있었다. 그는 얼음을 보여 주러 데려갔던 외할아버지 니콜라스 마르케스와 귀신 이야기로 매일 오후를 즐겁게 해 주었던 외할머니 트랑킬리나 이구아란의 영향을 받았다고 언급한다. 또한 아라카타카의 집에서 발견한 다 해진 『아라비안나이트』의 영향도 부정하지 않는다. 이렇게 『백년의 고독』은 재미없고 따분한 실험적 양식이 아니라 여러 일화를 끊임없이 들려주는 옛이야기의 전통을 회복하면서, 소설의 죽음을 논하고 있던 세계 문학에 새로운 이정표를 제시한다.

또한 카리브해는 『족장의 가을』(1975)의 독재자에게서도 잘 나타난다. 가르시아 마르케스의 최고 작품으로 평가되는 이 소설은 익명의 독재자를 다룬다. 다른 어떤 작품보다도 과장법을 극단적으로 사용하여, 유혈 탄압으로 라틴 아메리카를 황폐하게 만들었고 오랫동안 시민들의 삶과 운명을 지배했던 독재자들의 잔인함을 보여 준다. 그는 이 작품을 "권력의 고독에 대한 시"라고 규정하면서, 『백년의 고독』에서 구사했던 이야기 구조를 파괴하고 여러 페이지에 걸쳐 마침표 하나 없이 이어지는 과장된 문장을 통해 상상을 뛰어넘는 독재자의 이야기를 서술한다.

가르시아 마르케스의 작품에서는 카리브해안 도시인 카르타헤나역시 중요한 비중을 차지한다. 카르타헤나의 여러 거리가 실명으로 등장하는 『콜레라 시대의 사랑』(1985)은 플로렌티노 아리사와 페르미나 다사의 지난한 사랑을 이야기한다. 작가의 부모가 경험한 금지된 사랑을 떠오르게 하는 이 인물들은 젊었을 때는 너무 어리다는 이유로 결혼하지 못하고, 인생을 마감하는 70대 후반에 가서야 비로소 늙은이들의 사랑은 추잡하고 더럽다는 세상의 편견을 극복하고 사랑을 이룬다.

한편 『사랑과 다른 악마들』(1994)은 식민 시기 카르타헤나의 이야기를 들려준다. 열두 살의 소녀 시에르바 마리아는 악마에 홀렸다는 선고를 받고 수녀원에 갇히지만, 사실은 거리에서 광견병에 걸린

개에게 물린 것이었다. 서른여섯 살의 신부 델라우라는 소녀에게 엑소시즘을 행하라는 명을 받는다. 그러나 그들은 금지된 사랑에 빠지고, 편협하고 교조적인 가톨릭교회로 인해 그들의 사랑은 좌절된다. 이 두 소설에서는 카르타헤나의 돌로 포장된 좁은 거리들이 부활하고, 그곳의 따뜻한 공기가 느껴지며, 카리브해의 파도 소리도 들린다.

가르시아 마르케스의 역사 소설 『미로 속의 장군』(1989)은 라틴 아메리카의 독립 혁명 지도자 시몬 볼리바르가 죽기 직전 정치적 상황으로 말미암아 보고타에서 카리브해안 도시인 산타마르타로 향하는 마지막 여행을 다룬다. 이 소설은 주로 마그달레나강과 그곳의 포구에서 전개되며, 산타마르타의 산페드로 알레한드리노 별장에서 시몬 볼리바르의 죽음으로 끝난다. 그리고 중편 『순박한 에렌디라와 포악한 할머니의 믿을 수 없이 슬픈 이야기』(1978)는 카리브해와 인접한 과히라라는 반도에서 일어나며, 아흔 살의 노인과 열네 살 소녀의 순수한 사랑을 다룬 『내 슬픈 창녀들의 추억』(2004)은 카리브해안에 위치한 바랑키야 항구를 배경으로 전개된다. 그의 마지막 작품이 된 이 소설은 진정한 사랑이란 어떤 대가도 요구하지 않으며 절대로 잊히지 않는다는 것을 보여 준다. 그런 점에서 이 작품은 오랜 세월 동안 다양한 경험을 한 노인이 삶에 대한 현재의 감정을 보여 주는 이야기이며, 생애 처음으로 '사랑'이란 단어의 진정한 의미를 발견한 사람의 기록이다.

가르시아 마르케스가 세상을 떠난 이튿날부터 아마존 서점을 비롯해 세계 유명 서점에서는 『백년의 고독』과 『콜레라 시대의 사랑』이 다시 베스트셀러 목록 상위에 올랐다. 동시에 그가 출간하지 않고 두었던 작품 『8월에 만나요』의 행방이 화두에 올랐다. 쉰세 살의 상류층 여인인 아나 마그달레나의 이야기를 다루는 이 작품 역시 카리브해에서 전개된다. 그녀는 매년 8월 16일마다 자기 어머니의 유해가 묻힌 콜롬비아 카리브해의 섬을 여행하면서 중대한 일이 일어나기를 기다린다. 23년 전에 결혼한 그녀는 어느 날 호텔의 바에서 한 남자를 알게 되고, 평생 처음 부정을 저지른다. 남자는 떠나면서 침대 옆 탁자에 지폐 한 장을 남겨 둔다. 이 소설은 5장으로 구성되었으며 약 150페이지 분량이라고 알려져 있다.

3 『백년의 고독』을 이해하기 위해

시대적 배경

『백년의 고독』은 1830년대부터 1930년대까지 약 100년에 걸쳐 콜롬비아 북부의 카리브해 지방을 배경으로 전개된다. 가르시아 마르케스는 이 시기의 역사를 콜롬비아 내전에 대령으로 참여했던 외할아버지의 이야기를 통해 배웠다. 이 작품에서 사용되는 가장 중요한 정치·지리·사회적 배경으로는 자유당과 보수당의 싸움, 해안 지방 사람들과 내륙 지방 사람들의 갈등, 시에나가의 대학살을 들 수 있다. 1800년대에 들어 콜롬비아는 스페인의 통치에서 해방되고, 이후 강력한 교회와 중앙 정부를 선호하는 보수당과, 지방 분권을 지지하고 교회의 권한을 제한하며 언론의 자유와 보편 선거를 주장하는 자유당이 대립한다. 양당 체제가 민주주의의 기초를 이룬 서구와 달리 콜롬비아에서 이런 체제는 폭력을 야기하게 된다.

이런 정치적 문제와 더불어 지리적으로 콜롬비아는 크게 보고타를 중심으로 하는 내륙 지방과 카리브해안의 해안 지방으로 나뉜다. 페르난다 델 카르피오와 같은 내륙 지방 사람들은 차갑고 형식적이며 종교적인 반면에, 마콘도 주민들과 같은 해안 지방 사람들은 태평하고 형식에 얽매이지 않는다. 한편 400여 명의 바나나 농장 노동자들이 살해된 시에나가 대학살 사건은 은폐되어 공식 역사에서 거의 잊혀 있다가 『백년의 고독』으로 다시 수면 위로 등장했다. 이것은 승리자의 입장에서 서술되는 공식 역사와 패배자들의 입에서 입으로 전해지는 비공식 역사 중에서 과연 더 허구적인 것은 무엇인가라는 의문을 제기하며, 동시에 잊힌 기억을 되살리는 소설의 힘을 보여 준다.

『백년의 고독』의 내용

모두 20장으로 이루어진 『백년의 고독』은 6세대에 걸친 부엔디아 가문의 이야기이자 마콘도라는 허구적 세계에 관한 이야기다. 소설은 마콘도 마을이 창건되는 과정을 소개하는 것으로 시작한다. 마콘도를 세우러 떠나기 전에 부엔디아 가문의 사촌 관계였던 호세 아르카디오와 우르술라가 결혼한다. 그러나 우르술라는 근친상간하면 돼지 꼬리를 가진 아이가 태어난다는 풍문을 두려워하여 결혼 생활을 거부한다. 그렇게 여섯 달을 보낸 어느 일요일, 호세 아르카디오의 친구 프루덴시오 아길라르는 호세 아르카디오가 성불구자일지도 모른다고 마을 사람들에게 공포한다. 그러자 호세 아르카디오는 프루덴시오 아길라르를 죽이고 우르술라와 사랑을 한다. 이후 죽은 프루덴시오의 망령이 부엔디아 부부에게 계속 나타나고, 결국 그들은 마을을 떠나 마콘도를 세우고 새 삶을 시작하기로 한다.

처음에 그 마을은 외부 세계와 단절되어 있다. 가끔씩 집시들이 얼음이나 망원경 혹은 돋보기와 같은 발명품을 가지고 찾아올 뿐이다. 부엔디아 가족의 족장인 호세 아르카디오 부엔디아는 충동적이고 호기심이 많다. 그는 지도자이지만 동시에 매우 고독하다. 또한 다른 사람들과 유리되어 자석이나 문명의 경이를 집요하게 탐구한다. 이런 특징들은 그의 후손에게 유전된다. 첫째 아들인 호세 아르카디오는 그의 엄청난 육체적 힘과 충동성을 이어받지만, 둘째 아들인 아우렐리아노는 그의 열정적이고 불가해한 탐구 정신을 계승한다.

마을은 점차로 순수하고 고독한 상태를 잃어버리고 종교와 정치라는 결정적 요소를 지닌 외부 세계의 침략을 받는다. 곧이어 내전이 벌어지고, 평화로웠던 마콘도는 폭력과 죽음을 경험한다. 아우렐리아노는 자유당 반군의 지도자가 되어 아우렐리아노 부엔디아 대령으로 명성을 떨치면서 영웅이 되지만, 후에 고독의 희생자가 되어 현대적 삶이 얼마나 불합리한지를 구체적으로 보여 준다. 한편 아우렐리아노 부엔디아 대령은 조카 아르카디오를 마콘도의 책임자로 앉히는데, 아르카디오는 질서에 집착하는 못된 독재자임이 드러난다. 그는 전제 군주처럼 통치하다가 결국 사형에 처해진다. 그 후 다른 시장이 임명되면서 마콘도는 평온을 되찾지만, 이내 또 다른 반란이 일어나고 그는 살해된다. 그가 죽은 후 평화 조약이 맺어지면서 내전은 끝난다.

이 소설에는 100년의 역사가 흐르고 있는데, 가르시아 마르케스가 묘사하는 사건은 대부분 부엔디아 가문의 내력에서 큰 전환점을 이루는 탄생이나 죽음, 혹은 결혼이나 사랑이다. 부엔디아 가문의 몇몇 남자들은 거칠고 방탕하며 사창가를 전전하면서 불륜의 애인을 갖기도 한다. 반면에 다른 남자들은 조용하고 고독하다. 그들은 방에 틀어박혀 조그만 황금 물고기를 만들거나 오래된 원고를 열심히 연구한다. 여자들 역시 일흔두 명의 기숙학교 친구들을 데려오는 메메처럼 굉장히 사교적이고 개방적인 여자에서, 남편과 함께 신방을 차릴 때 가랑이에 구멍이 난 특별한 나이트가운을 입는 수줍은 페르난다 델 카르피오에 이르기까지 다양하다.

한편 우르술라 이구아란 역시 부엔디아 가문처럼 고집스럽다. 그녀는 성격이 다른 가족 구성원들을 모두 포용하려고 헌신적으로 노력한다. 하지만 부엔디아 가문뿐만 아니라 마콘도는 근대라는 힘에 결국 파괴된다. 제국주의와 자본주의가 마콘도에 도달하고, 바나나 농장은 노동자들을 착취한다. 결국 바나나 농장 노동자들은 미국인들의 비인간적 대우에 분노하여 파업을 하고, 바나나 농장 지주의 편을 들던 군부는 노동자 수천 명을 학살한다. 그들의 시체는 바다에 버려지고, 4년 11개월 2일 동안 쉬지 않고 비가 내리면서 마콘도의 멸망을 재촉한다. 이제 살아남은 부엔디아 가족들은 외부 세계와 고립된 채 근친상간을 범한다.

이 소설은 부엔디아 가문의 마지막 생존자인 아우렐리아노 바빌로니아가 집시 멜키아데스의 양피지 원고를 해독하는 장면으로 끝난다. 거기서 그는 멜키아데스가 "사건들을 인간의 전통적인 시간 속에 배열해 놓지 않고 백년 동안에 일어났던 일상사들을 모두 한순간에 공존하도록 압축시켜" 놓았다는 것을 깨닫는다. 즉 부엔디아 가문의 역사가 미리 예언되었으며 마콘도와 그곳의 주민은 단지 미리 정해진 주기를 살면서 비극적인 슬픔만을 가미했다는 것을 알게 된다. 그리고 멜키아데스의 원고가 바로 『백년의 고독』이며, 부엔디아 가문이 이 지상에서 두 번째 기회를 가지지 못하고 사라지는 것은 진정한 사랑을 알지 못하고 고독 속에서 살았기 때문임이 드러난다.

『백년의 고독』에 대한 작가의 회상

1962년 이후 가르시아 마르케스는 한동안 아무 작품도 출판하지 않았다. 그는 이 침묵의 기간을 작가로서 성숙해지기 위한 시간으로 삼으면서, 후에 그를 일약 세계적인 작가로 발돋움시킨 『백년의 고독』을 쓴다. 그의 회상에 따르면 가족과 함께 아카풀코로 운전하며 가는 동안 갑자기 청년 시절부터 쓰고자 했던 소설의 구조가 떠올랐다고 한다. "너무 완전히 생각이 나서 거기에서 타자수에게 첫 장의 단어 하나하나를 구술하고 싶었습니다." 그는 6개월 정도면 이 소설을 끝낼 수 있으리라 생각했지만, 소설을 끝내고 보니 18개월이란 시간이 흘러 있었다고 밝힌다.

한편 가르시아 마르케스는 『백년의 고독』 발간 40주년이자 노벨 문학상을 수상한 지 25년이 되는 해이며 그의 여든 번째 생일을 맞은 2007년에 카르타헤나의 컨벤션센터에서 개최된 제4회 스페인어 국제 총회 개막식에서 이 작품과 관련된 일화를 이렇게 이야기한다. "제가 서른여덟 살이었을 때였습니다. (……) 저는 타자기 앞에 앉아서 이렇게 썼습니다. '오랜 세월이 흐른 뒤 총살 집행 대원들 앞에서 아우렐리아노 부엔디아 대령은 그 머나먼 오후를 떠올렸을 것이다. 그날 그의 아버지는 얼음을 보여 주러 그를 데려갔다.' 저는 이 문장의 의미나 기원, 그리고 그것이 어디로 저를 이끌어야 하는지 아무 생각도 하지 못했습니다. (……) 에스페란사 아라이사, '페라'라는 애칭을 가진 잊을 수 없는 그녀는 시인과 영화인들의 타자수로 멕시코 작가들의 위대한 작품을 말끔하게 타이핑한 사람입니다. (……) 그녀에게 최종 수정본을 깨끗하게 타이핑해 달라고 부탁했을 때, 그 소설은 온통 수정된 내용으로 난도질된 초고였습니다. 우선 검은 잉크로, 그런 다음에는 혼동을 피하기 위해 빨간 잉크로 수정되어 있었습니다. 하지만 사자 우리에서 모든 것에 익숙해진 여자에게는 전혀 문제가 되지 않았습니다. 몇 년 후 페라는 제가 수정한 최종본 원고를 집으로 가져가던 중에 버스에서 내리면서 미끄러졌다고 고백했습니다. 그런데 그때 억수처럼 소나기가 퍼붓고 있었고, 제 원고는 거리에 흥건하게 고인 수렁에 둥둥 떠다녔습니다. 그녀는 다른 승객들의 도움을 받아 물에 젖어 거의 읽을 수 없는 원고를 주웠고, 집에서 다리미로 한 장 한 장씩 말렸습니다."

1967년 5월에 드디어 『백년의 고독』이 출간되면서 그의 삶은 하루아침에 바뀐다. 이 소설은 문학 비평가뿐만 아니라 일반 독자에게도 즉시 커다란 반향을 일으키면서 순식간에 라틴 아메리카의 베스트셀러로 자리 잡았고, 대부분의 유럽 국가에서 주저 없이 이 소설을 번역·출판했다. 『백년의 고독』은 이탈리아에서 키안치아노상을 수상했으며, 프랑스에서는 최고의 외국 소설로 결정되었다. 미국 비평계는 이 소설을 1970년 최고의 소설로 선정했고, 1971년에 컬럼비아 대

현실의 지평을 넓히다

학은 가르시아 마르케스에게 명예박사 학위를 수여했다. 1972년에는 라틴 아메리카에서 가장 권위 있는 베네수엘라의 로물로 가예고스 상을 수상한다.

마콘도 ── 이름의 기원

카리브해의 해안에는 '마콘도'라는 나무가 있다. 가르시아 마르케스에 의하면, 이 용어는 그리스어에서 유래하며 이후 라틴어로 비슷하게 변했다. 마콘도는 중앙아메리카를 비롯해 콜롬비아와 에콰도르와 페루의 저지대에서 자라는 잎사귀가 커다란 나무로 케이폭 나무와 유사하다. 높이는 30~40미터에 이르며, 목재는 카누나 부엌세간을 만드는 데 사용된다. 가르시아 마르케스는 자서전『이야기하기 위해 살다』에서 마콘도의 기원을 이렇게 설명한다. "기차는 11시에 마콘도 농장을 지나 10분 뒤 아라카타카에 멈췄다." 세비야 강변에 위치한 그 농장은 그곳에 있었던 마콘도 나무 두 그루 때문에 그런 이름이 붙여진 것이다. 현재는 아라카타카에서 30분 거리에 있는 '베레다 마콘도'에 있다.

가르시아 마르케스는 이렇게 부연한다. "기차는 주변에 마을의 자취가 없는 어느 역에서 멈추더니 잠시 후 어느 농장 앞으로 지나갔다. 우리가 그곳까지 가는 동안 본 바나나 농장들 가운데 유일하게 농장 이름을 새긴 현판이 붙은 곳이었다. '마콘도'라는 이 농장의 이름은 외할아버지를 따라 처음 여행을 다녔을 때부터 줄곧 내 관심을 끌었다. 그런데 어른이 되어서야 비로소 나는 그 이름의 시적 울림을 좋아했다는 사실을 깨달았다. 나는 누가 그 이름을 말하는 것을 들어 본

적도 없고 그게 무슨 뜻인지도 생각하지 않았다. 하지만 나는 내 책세 권에 등장하는 상상의 마을에 그 이름을 붙였고, 그런 다음에야 우연히 어느 백과사전에서 그것이 나무 이름이라는 것을 알게 되었다. 꽃도 피지 않고 열매도 맺지 않으며 가볍고 스펀지 같아 카누나 부엌 세간들을 만드는 데 사용되는 나무였다. 나중에 『브리태니커 백과사전』을 통해 탕가니카에 '마콘도'라고 불리는 유목 부족이 존재한다는 것을 알게 되었고, 그러면서 그 부족 이름에서 나무 이름이 유래했을지도 모른다고 생각했다. 그러나 그 나무에 관해 한 번도 확인하지 않았고 직접 본 적도 없었다. 사실 나는 바나나 농장 지역에서 그 나무에 관해 수없이 물었지만, 내게 설명해 줄 수 있는 사람은 아무도 없었다. 아마도 그런 이름의 나무는 결코 존재하지 않았을 수도 있다."[1]

한편 그는 자신의 첫 번째 소설 『썩은 잎』의 무대를 '마콘도'라고 붙인 것에 관해서는 이렇게 말한다. "내가 과거에 구상해 둔 것과는 완연하게 달라진 마을은, 내가 어머니와 함께 아라카타카로 되돌아갔을 때 현실 속에 구체화해 놓았던 것이었으나, 그 마을의 이름은 소설에 사용하기 위해 내가 찾던 신화적인 분위기가 결핍되어 있었기 때문에 바랑키야라는 이름처럼 설득력이 없어 보였다. 그래서 나는 어렸을 때부터 틀림없이 알고 있었던 바로 그 이름으로 부르기로 결정했으나, 그 이름이 지닌 마술적 특성은 그 당시까지 내게 드러난 적이 없었다. 그 이름은 마콘도였다."[2]

4 『백년의 고독』의 형식과 구조

마술적 사실주의

마술적 사실주의는 『백년의 고독』의 가장 큰 미학적 특징으로 자주 언급된다. 특히 마술적 사실주의 계열의 토니 모리슨, 조제 사라마구, 귄터 그라스 등이 노벨 문학상을 수상하면서 이 용어는 20세기 후반 문학의 특징으로 자리 잡는다. 그렇다면 '마술적'이라는 단어와 '사실주의'라는 서로 어울리지 않는 두 단어가 결합된 이 용어는 도대체 무엇일까?

M. H. 에이브럼스의 『문학 용어 사전』은 마술적 사실주의에 대해 다음과 같이 설명한다. "아르헨티나의 호르헤 루이스 보르헤스의 단편집뿐만 아니라, 콜롬비아의 가브리엘 가르시아 마르케스, 독일의 귄터 그라스, 영국의 존 파울즈와 같은 작가들의 작품을 설명하기 위해 사용된다. 이 작가들은 일상의 사건들을 표현하기 위해 자세하게 묘사되는 리얼리즘을 환상적이고 몽상적인 요소들뿐만 아니라 신화와 우화에서 추출한 요소들과 뒤섞어 놓는다. (……) 이들의 소설은 여러 방식으로 극적인 경험 — 주제, 형식, 문체, 일상생활, 시간, 환상, 신화, 악몽 — 을 통해 표준적인 사실주의 소설들이 구사하는 규범을 위반한다. 그러면서 진지함과 가벼움, 공포와 유희, 비극과 희극의 전통적인 구별을 지워 버린다."

이 말에서 알 수 있듯이 마술적 사실주의는 서로 반대되는 요소들을 하나로 통합하는 것을 목적으로 삼는다. 미국과 유럽의 문학 이론가들과 비평가들은 전반적으로 이런 견해에 동조한다. 그들은 마술적 사실주의가 일상적인 현대 세계에 위치하면서 인간과 사회를 다루기 때문에 "사실주의와 환상의 융합"이라고 정의한다. 그리고 이런 마술적 사실주의는 유럽의 문명 세계가 지닌 이성적이고 합리적인 요인과 원시 라틴 아메리카의 비이성적 요소를 결합한 표현이라고 설명한다.

그러나 마술적 사실주의의 대표 작가인 가르시아 마르케스는 이렇게 지적한다. "상상은 예술가들이 자신이 살고 있는 현실을 출발점으로 삼아 새로운 현실을 만들어 내는 특별한 능력이라고 나는 생각한다. 게다가 나는 이것만이 유일하게 가치 있는 예술 창작이라고 믿는다. (……) 사실 라틴 아메리카와 카리브해의 예술가들은 별로 고안할 만한 것이 없었다. 오히려 그들의 문제는 인위적인 고안과는 정반대로 그들의 현실을 어떻게 믿게 만드느냐 하는 것이었다." 그러면서 이렇게 고백한다. "나는 카리브해에서 태어나 카리브해에서 자랐다. (……) 그래서 나는 현실보다 더 가공할 만한 것을 떠올릴 수도 없었고 (……) 내가 가장 멀리 도달할 수 있었던 것은 기껏해야 시적 영감을 가지고 그런 현실을 문학 작품 속에 옮긴 것이다. 내 책 중에서 단한 줄도 그곳에서 일어났던 실제 현실에 기반을 두지 않은 것은 하나도 없다."

M. H. 에이브럼스와 가르시아 마르케스의 말에서는 마술적 사실주의에 대한 두 가지의 태도가 드러난다. 미국과 유럽의 비평가들은 '마술적 사실주의'라는 모순적 단어의 결합에 착안하여 그것을 사실주의와 환상의 혼합이라고 보는 반면에, 이 용어를 전 세계에 유포시킨 작가는 현실에 집착한다. 가르시아 마르케스에게 마술적 사실주

의는 환상적이거나 심리적인 요소를 포함하지 않으며, 몽환 문학도 아니다. 단지 그를 에워싼 세계에서 신비스러움을 발견하려는 일종의 현실에 대한 태도이다.

이런 두 가지의 태도를 하나로 종합하면, 마술적 사실주의란 종래의 사실주의가 지닌 현실의 좁은 차원에서 벗어나 현실을 보다 폭넓게 이해하고자 한다는 것을 알 수 있다. 즉 마술적 사실주의자들이 말하는 현실은 일상사를 비롯해 정치적·사회적·경제적 고통뿐만이 아니라, 신화와 신앙 혹은 민간요법까지 포함하고 있다. 다시 말하면, 종래의 사실주의 작가들이 추구했던 '눈에 보이는 현실'뿐만 아니라, 일반인들이 굳게 믿고 있는 '눈에 보이지 않는 현실'까지도 현실로 간주하면서, 현실의 지평을 확장한다. 그렇게 가르시아 마르케스는 "이성주의자들과 스탈린주의자들이 항상 강요했던 현실의 한계"를 극복하여 보다 광범위하고 다채로운 라틴 아메리카의 현실을 다룬다. 이렇듯 가르시아 마르케스 작품 속에서 '환상성'은 대부분 라틴 아메리카 인들의 산 경험인 '현실'에서 유래하고, 이런 경험을 바탕으로 마술적 사실주의라는 문학 양식이 이루어진다.

이렇게 사실주의의 '현실' 개념을 보다 넓게 확장한 마술적 사실주의의 특징은 일반적으로 다음과 같다.

(1) 세밀한 묘사를 통해 현실과 유사한 허구 세계를 창조한다. 이것은 마술적 사실주의가 사실주의의 계승이자 부활임을 의미한다. 그러나 마술적 사실주의는 전통적인 미메시스(모방)의 역할에서 해방되어 자유롭게 '현실'을 그린다. 이것은 특히 역사적 사건을 독특한 방식으로 재창조하는 것과 관련을 맺는데, 주로 공식적으로 억압받

은 역사적 사건들을 서술할 때 많이 이용된다. 가령 가르시아 마르케스는 공식 기록에서 사라진 바나나 농장 대학살 사건을 재창조하면서 역사를 복원한다.

(2) 작품 속에 우리가 알고 있는 우주의 법칙으로 설명할 수 없는 마술적 요인들이 등장한다. 즉 마술적인 일들이 작품 내에서 실제로 발생한다. 이런 마술이 일반적인 인과 관계를 붕괴시키면서, 우리가 기존에 알던 현실은 놀라운 것이 되거나 심지어는 터무니없고 우스꽝스러워진다. 과학적 합리주의에 익숙한 독자는 이것을 그대로 받아들이지 못한다. 가장 큰 이유는 사건을 등장인물의 환상으로 이해할 것인지 아니면 기적으로 이해할 것인지, 혹은 서술자의 과장으로 이해할 것인지 알 수 없기 때문이다. 『백년의 고독』에서는 미녀 레메디오스가 침대 시트와 함께 하늘로 올라가는 장면이나 초콜릿을 마시고 신부가 바닥에서 떠오르는 장면, 혹은 수년간 쉬지 않고 내리는 비, 하늘에서 내리는 노란 꽃비, 호세 아르카디오가 죽자 피가 온 동네를 지나 어머니가 있는 곳까지 흘러가는 장면을 대표적인 예로 들 수 있다.

(3) 두 영역, 혹은 두 세계가 근접하거나 혼합된다. 『백년의 고독』에서 산 자와 죽은 자의 세계의 경계는 유동적이다. 또한 허구와 사실의 경계도 모호하다. 이것은 인류 역사를 통해 여러 문화가 서로 분리되어 있는 것이 아니라 꿈과 환상 속에서 서로 통합되어 있다는 것을 보여 준다. 즉 인류의 역사는 죽기를 거부하면서 죽은 이후에도 끝없는 시간을 살아가며 현재를 재구성하는 유령과 망령으로 가득하다는 것을 의미한다. 여기에는 세속적이고 일상적인 것들이 비범할

정도로 놀랍고 심지어 초자연적인 것들과 혼합되는 것도 포함된다. 2장에서 호세 아르카디오는 필라르 테르네라에게 매혹된다. 그는 "콩 팥을 싸늘하게 훑는 느낌, 뱃속이 텅 비어 버린 느낌, 공포감, 도망치 고 싶기도 하고 동시에 그 신경질 나는 침묵과 무시무시한 고독 속에 영원히 파묻혀 버리고 싶기도 한 경망스러운 조바심을 더 이상 견딜 수 없었다." 이 대목에서 가르시아 마르케스는 거대하고 추상적인 감 정으로 구체적인 육체적 사건들을 묘사하면서 현실과 마술 혹은 일 상적인 것과 고상한 것을 뒤섞는다.

(4) 마술적 사실주의는 기존 사실주의의 시간, 공간, 정체성에 의 문을 던진다. 4년 11개월 2일 동안 내리는 비, 과거와 단어의 의미까 지도 지워 버리는 불면증, 항상 3월이고 언제나 월요일인 방, 집 안 마당의 밤나무 아래서 수년간 죽지도 살아 있지도 않은 상태로 있는 호세 아르카디오 부엔디아, 마콘도 사람들이 지구상에 다시 존재할 수 있는 기회조차 앗아간 마지막 회오리바람 등으로 인해 시간 개념 이 흔들린다.

이런 네 가지 특징으로 인해 마술적 사실주의 작품인 『백년의 고 독』을 읽으면 어느 새 비현실 같은 것들이 현실적인 것과 혼합되면 서 독자들이 기존에 지니고 있던 현실의 지평이 증폭됨을 느낄 수 있 다. 이 현상은 마술적 사실주의가 미메시스의 기능과 지평을 확장시 킨 것이며, 동시에 마술적 역사주의가 추구하는 역사성과도 깊은 관 련을 맺고 있다. 다시 말하면, 종래의 리얼리즘이 미메시스라는 개념 에 바탕을 두고 상상력을 조직적으로 통제한 "허구에 대한 수치스러 운 금지 조치"인 것과는 달리, 마음껏 상상력을 분출하는 마술적 사실주의는 이성 중심적 사실주의를 극복하고 전복하는 것이라고 말할 수 있다. 이런 이유로 마술적 사실주의는 전통적 사실주의의 보완이라고 일컬어지기도 한다.

비전통적 서술 시간과 시간의 동시성

『백년의 고독』은 마콘도의 역사를 시간 순서대로 기술하지 않는다. 이 작품은 마콘도의 건립에서 멸망, 부엔디아 가문의 기원에서 파멸에 이르는 시간을 중심으로 구성되어 있지만, 가르시아 마르케스는 이런 사건들을 일어난 순서대로 말하지 않고, 과거와 현재를 두서없이 오가면서 신화적인 느낌을 조성한다. 첫 번째 이야기는 고립된 마콘도 사람들에게 기적처럼 보이는 새로운 발명품들을 가지고 찾아온 집시들에 관해 말하고 있지만, 그것의 첫 문장은 아우렐리아노 부엔디아 대령의 처형이라는 미래의 일화를 언급한다. 또한 집시들의 이야기는 호세 아르카디오 부엔디아가 처음으로 얼음을 보는 순간으로 진행되지만, 그것은 아우렐리아노 부엔디아 대령의 회상으로 나타난다. 이렇게 이 소설에서는 시간적 순서에 따라 전개되는 소설의 전통적 시간이 파괴된다.

이런 비전통적인 시간과 더불어 처음부터 독자들은 『백년의 고독』의 역사적 배경에 대해 확신하지 못한다. 마콘도를 세울 당시 "세상은 생긴 지 얼마 되지 않아서 많은 것들이 아직 이름을 지니고 있지" 않았지만, 독자들은 또한 우르술라의 고조할머니가 1568년에 실제로 일어난 사건인 프랜시스 드레이크 경의 리오아차 습격 당시 살아 있었다는 것을 알게 된다. 분명히 프랜시스 드레이크 경은 모든 사물이 이름을 갖기에 충분했던 세상에 살았다. 이 작품에서는 실제로 마콘도의 창립이 드레이크의 침략보다 나중에 일어나지만, 마치 드레이크의 침략 이전에 일어난 것처럼 서술된다. 이것은 이 작품이 역사적 사건을 시간 순서대로 정확하게 기술하지 않는다는 것을 의미한다. 이렇게 가르시아 마르케스는 소설 속의 역사적 사실을 믿는 독자들을 어리둥절하게 하면서 모호함의 늪에 빠지게 한다.

이런 불확정적인 시간 틀은 기억과 역사와 허구의 차이를 없앤다. 집시들의 도착은 진정한 역사로 재구성되지 않고, 아우렐리아노 부엔디아 대령의 기억으로 만들어진다. 이렇게 기억을 통해 객관적인 공식 역사는 주관적이고 몽상적으로 변하는데, 이것은 이 소설 전체를 관통하는 서사 전략이다. 여기서 기억은 역사와 같은 무게를 지니고, 역사는 기억처럼 상상과 감정으로 물들여진다. 가령 이 소설의 마지막 부분에서 마을 주민들이 바나나 농장 노동자들의 대학살을 잊어버리는데, 그들의 기억 상실증은 실제 역사에서 그들의 기억이 지워졌다는 것을 보여 준다. 이렇게 『백년의 고독』에서 실제 현실은 인간의 환상이나 기억처럼 다루어지고, 시간도 그런 과정을 겪는다. 이렇게 객관적 사실을 주관적으로 인식하는 것은 환상적이고 부조리한 경향을 띠게 된다. 즉 '마술적 사실주의'는 신화와 기억, 인간의 환상과 우리 자신의 주관성에 의해 색칠된 현실관을 포착하는 데 중요한 기법으로 작용한다. 특히 그것은 역사적 사건들을 주관성과 기억으로 물들이는 방법으로 나타난다.

이와 같은 시간의 주관적 수용은 모든 사건이 동시성을 띠는 것으로 확장된다. 그것은 가르시아 마르케스가 열두 살 때 버지니아 울프의 소설『댈러웨이 부인』(1925)을 읽으면서 가진 생각이었다. 그는 나중에 플리니오 아풀레요 멘도사와의 인터뷰에서 그 작품이 "시간에 대한 내 생각을 완전히 바꿔 주었지요. 나는 마콘도와 그것의 마지막 운명의 모든 과정을 순간적으로 보았습니다."라고 말한다.『백년의 고독』의 마지막 장에서 아우렐리아노는 멜키아데스가 "사건들을 인간의 전통적인 시간 속에 배열해 놓지 않고 백년 동안에 일어났던 일상사들을 모두 한순간에 공존하도록 압축"했음을 깨닫는데, 이것은 바로 이런 시간 이론을 요약해 주고 있다.

이런 시간의 동시성을 보여 주기 위해 가르시아 마르케스는 과거와 미래를 거의 동시에 사용하면서 전통적 소설 구조가 지닌 서스펜스를 제거한다. 가령 호세 아르카디오 부엔디아가 에덴동산과 같은 마콘도에 편도나무를 심고 있을 때, 가르시아 마르케스는 그 장면을 미래로 이동시키면서 "수많은 세월이 흐른 뒤 마콘도가 양철 지붕을 씌운 목조 가옥들이 즐비한 마을이 되었을 때, 비록 그 나무들을 누가 심었는지 기억하는 사람이 없었을망정, 가장 오래된 거리에는 부러지고 먼지에 덮인 편도나무들이 남아 있었다."라고 말하면서 바나나 나무를 심은 사람들이 마콘도를 침략한 이후의 시간을 서술한다.

끔찍한 바나나 회사의 학살을 목격했던 호세 아르카디오 세군도만이 "시간 역시 장애와 사고를 겪으며, 그래서 시간이 파편화될 수 있고, 방 하나에 영원한 파편 하나를 남길 수도 있다는 사실을 밝혀 낼" 통찰력이 있는 사람이다. 이렇게 가르시아 마르케스에게 시간은 살아 있는 것이며, 인간의 삶과 공존하는 수수께끼이고 영원한 현재이다.

그의 목표는 사건들이 일어나는 순간에도 시간은 계속 멈추어 있거나 순환된다는 느낌을 주는 것이다. 그러나 실제로 작품 속에서 시간은 순환적이 아니라 나선형으로 나아간다. 부엔디아 가족은 일련의 반복을 계속한다. 이름과 개성들은 세대에서 세대로 전해진다. 이런 유형은 순환적이 아니라, 나선형에 더 가깝다. 사실 부엔디아 가족은 결코 원점으로 돌아가지 않는다. 순간들과 상황들은 매우 비슷하지만, 과거의 것과는 다르다. 작중 인물들은 자기도취라는 그물에 사로잡혀 자신들의 세계가 멸망을 향해 간다는 것을 눈치채지 못한다. 이런 방식으로 가르시아 마르케스는 콜롬비아, 더 넓게는 라틴 아메리카 사람들이 이 작품의 인물들처럼 과거에 빠져 있는 사람이라고 비판하는 것이다.

5 『백년의 고독』의 주요 주제들

고독

가르시아 마르케스는 소설가란 단 한 권의 책을 쓴다고 말한다. "내 경우는 마콘도의 책이라고 말하곤 합니다. 그러나 잘 생각해 보면, 내가 쓰고 있는 책은 마콘도에 관한 것이 아니라 고독에 관한 것입니다." 그에게 고독은 단지 고립이나 세계와 결별하여 은둔하는 것만을 의미하지는 않는다. 그는 이 용어를 정치적이자 개인적인 것으로 사용한다. 그에게 '고독'은 단합이나 단결과 반대되는 것이다. 가르시아 마르케스는 "아우렐리아노 부엔디아 대령의 이야기, 즉 전쟁과 권력의 획득은 고독을 향해 나아가는 길"이라고 지적하면서 절대 권력을 절대 고독으로 규정한다.

또한 가르시아 마르케스는 "마콘도의 재앙은 단합하지 않는 데 기인한다. 모든 사람이 자기 자신만을 위해 행동할 경우 그 결과는 고독이다. 그것이 바로 고독의 정치적 개념이다."라고 설명한다. 이렇듯 『백년의 고독』의 주요 목표는 "고독에 정치적 의미를 암시적으로 부여하는 것"이다. 고독은 『백년의 고독』에서 가장 의미 있고 매력적인 인물인 아우렐리아노 부엔디아 대령을 파괴한다. 9장에서 "무한한 권력의 고독 속에서 길을 잃고서 그는 방향 감각을 잃어 가기 시작"한다. 그리고 다른 사람과 힘을 합치거나 사랑하지 않는 인생은 가치 없다는 것을 깨닫는다. 대령은 이런 혼란 상태에서 헤어나려고 노력하지만 실패만 거듭한다. 결국 그는 고독으로 인해 인간성을 갖지 못하게 되었음을 알게 된다.

아우렐리아노 부엔디아 대령은 전쟁이 끝난 후에도 평화의 상태로 돌아가지 못한다. "전쟁이 모든 것을 앗아 가 버려" 고독의 공허함으로만 돌아갈 수 있을 뿐이다. 고독은 아우렐리아노 부엔디아 대령뿐만 아니라 부엔디아 가족과 마콘도도 파괴한다. 그것은 "고독의 마맛자국"이며, 가르시아 마르케스는 그것이 자기의 조국 콜롬비아를 파괴한 주범임을 암시한다.

이렇게 가르시아 마르케스가 '고독'이라고 부르는 파괴적 개인주의는 작품 전체를 관통하는 주제이다. 그는 나르시시즘, 자기도취, 자기와 자기 가족만을 사랑하는 것이 얼마나 위험한지 지적한다. 가령 우르술라가 집에서 내쫓은 결과로 레베카와 호세 아르카디오는 고립

현실의 지평을 넓히다

된다. 남편을 일찍 여읜 후, 레베카는 홀몸이 되어 "얼굴 피부가 고독의 쓰라림으로 거칠게 터 버린" 채 가르시아 마르케스가 고독이라고 부르는 육체의 파멸을 견딘다. 고독이란 너무나 끔찍해서 여행 도중에 죽은 집시 멜키아데스도 고독을 참을 수 없어 마콘도로 돌아온다.

그러나 고독은 부단한 유혹으로 다가온다. 그것은 아우렐리아노 부엔디아 대령에게 오랜 삶의 노고에서 벗어난 안락함이자 피난처이다. 또한 고독은 레베카에게 부엔디아의 집으로 돌아오는 대신 호세 아르카디오와의 행복을 포기해야 한다면 그것을 거절하는 편이 낫다는 현명한 선택을 하게 만든다. 고독의 안락함은 노년의 상처를 참고 지내는 수단이 된다. 가르시아 마르케스는 레베카가 "고독의 특권을 누리기 위해 오랜 세월 고통 속에서 스스로 비참하게 살아왔고 (……) 남들의 자선에 의지해 살면 좋을 거라는 환상 때문에 노년의 삶을 방해받으면서까지 그 특권들을 포기할 준비가 되어 있지 않았다."라고 말한다. 이렇게 고독은 독립과 연결되며, 그런 상황에서 존엄성을 획득한다.

거의 죽을 무렵 아마란타는 "고독의 심오한 이해"를 경험하고, 마침내 쓰라린 고통에서 해방된다. 만일 고독이 아우렐리아노 부엔디아 대령의 경우처럼 모든 것에 무감각해지게 만드는 것이라면, 그것은 회복될 수 있다. 아우렐리아노 세군도와 페트라 코테스는 늙어서 다시 사랑을 하면서, "함께 고독을 나눌 낙원을 발견하기까지 얼마나 많은 인생을 소비했는가를 생각하며" 아쉬워한다. 이렇듯 고독의 불가피성은 전적으로 달갑지 않은 것만은 아니다.

향수

고독과 마찬가지로 향수의 모호한 매력도 『백년의 고독』에서 매우 중요한 주제다. 가르시아 마르케스는 "마콘도는 향수로 지어진 마을이다."라고 설명하면서 "향수의 장점은 그것이 한 사람의 기억에서 모든 불쾌한 점을 제거하고 단지 좋은 것만을 남긴다는 것이다."라고 지적한다. 그러나 향수는 고독보다 인간의 단합에 더욱 큰 위험 요소이다. 그것은 개인을 현재에서 멀어지게 만들기 때문이다. 바로 이 점에서 아우렐리아노 부엔디아 대령은 영광의 향수에 이르고, 그것은 그를 최종적이자 완전한 고독에 침잠하게 한다.

그러나 고독과 마찬가지로 향수도 위안을 줄 수 있다. 황폐하고 메마른 페르난다의 마음은 마침내 "처음으로 밀려온 향수"로 깨지고 만다. 그때서야 비로소 그녀는 "고독 속에서 인간미"를 띠어 가면서 과거의 딱딱한 삶에서 해방된다.

『백년의 고독』에서 고독과 향수는 유전된다. 할아버지인 호세 아르카디오의 특성을 간직한 아우렐리아노 세군도는 늙은 집시 멜키아데스와 만나면서 자기만의 세계에 침잠한다. 멜키아데스는 나이가 마흔이 채 안 돼 보이고 까마귀 날개처럼 생긴 구식 모자를 쓴 모습으로 몇 해 동안 거의 날마다 나타난다. 한편 마지막 아우렐리아노도 아우렐리아노들의 크고 통찰력이 있는 눈을 가지고 태어난다. 이것은 부엔디아 가족과, 나아가 콜롬비아 역시 고독과 향수를 향해 가는 경향이 있으며, 세대가 흘러도 이런 성향이 반복된다는 것을 보여준다.

제국주의 비판

『백년의 고독』에서 또 다른 주요 주제는 제국주의에 대한 가르시아 마르케스의 분노이다. 12장에서 그는 미국인이 콜롬비아의 풍요로운 자연을 어떻게 착취했는지 보여 준다. 그들은 "호세 아르카디오 부엔디아와 그가 거느린 남자들이 위대한 발명의 세계로 통하는 길을 찾아 산을 넘어 도착했던 그 마법의 지역에" 바나나를 심는다. 이름이 지칭되지 않은 바나나 회사 — 분명히 유나이티드 프루트 회사에 바탕을 둔 회사 — 가 마콘도에서 저지른 파괴는 너무나 가공한 것이어서, 아우렐리아노 부엔디아 대령은 "전쟁이 끝날 때까지 전쟁을 계속하지 않았던 것은 자신의 실수였다는 명확한 확신으로" 고통받는다.

내전으로 국가가 양분되었지만 그것이 양당 체제라는 성공적인 정치 체제로 발전했다면 콜롬비아 정부는 외국의 침략을 물리치기에 충분한 힘을 가질 수 있었을 것이다. 이 작품에서 대령은 국가가 너무나 심하게 파괴된 나머지 이제는 시간이 늦었다는 것을 깨달으면서 "요 며칠 이내로 내 아들들을 전부 무장시켜 이 똥 같은 미국 새끼들을 모조리 없앨 거야."라고 소리친다. 그러자 콜롬비아 군부와 연합한 바나나 회사는 그 기회를 놓치지 않고 비밀경찰을 동원해 아우렐리아노 부엔디아 대령의 아이들을 모두 처치해 버린다.

이후 유명한 1928년 파업이 등장한다. 군대는 병력을 동원해 아무런 힘도 없는 남녀노소에게 기관총을 무차별적으로 발사한다. 이것은 모두 호세 아르카디오 세군도에 의해 목격된다. 하지만 그는 아무도 죽은 사람이 없다는 말만 듣는다. 이렇게 가르시아 마르케스는 거짓 정보를 극대화한다. 그것은 바로 정부나 유사 정부 단체에 의해 고의적으로 유포된 거짓 정보로, 진실을 감추거나 여론을 호도하기 위한 것이다.

한편 마콘도에서의 바나나 농장에 관한 대목에서도 서양 제국주의가 라틴 아메리카를 어떻게 만들었는지에 대한 역사가 숨겨져 있다. 『백년의 고독』에서 가르시아 마르케스는 바나나 농장의 자본주의·제국주의를 탐욕적이며 마콘도 주민들에게 해로운 것으로 묘사한다. 보수당 정권이 지지한 자본주의와 제국주의는 마콘도에 야만적 행위를 일삼고 주민들을 탄압한다. 이렇게 가르시아 마르케스는 단지 소설이라는 허구를 쓰는 것에 그치지 않고, 라틴 아메리카에서의 정치와 삶에 관한 이야기를 하고 있는 것이다. 이런 점에서 『백년의 고독』은 사회적·문화적 책임이라는 짐을 짊어지고 있는 소설이다.

6   한국과 가르시아 마르케스 — 참전 용사의 이미지

가르시아 마르케스는 대부분의 한국 독자에게 라틴 아메리카 문학의 상징으로 여겨진다. 하지만 그는 아직도 다소 생경한 '마술적 사실주의'의 작가, 혹은 우리의 현실과는 무관한 외국 작가로만 다가올 뿐이다. 즉 그는 한국과는 전혀 관련 없는 작가로 알려져 있다.

그러나 그의 작품에는 종종 한국이 등장한다. 물론 이것은 대부분 한국 전쟁과 관련되어 있다. 가령 가르시아 마르케스가 표류자 루이스 알레한드로 벨라스코를 직접 취재하여 신문에 게재한 『표류자

195   현실의 지평을 넓히다

의 이야기』(1970)에는 "미겔 오르테가는 '파디야 제독'호를 타고 한국
에 있었다."라는 대목이 나온다. 또한 그의 자서전『이야기하기 위해
살다』(2002)에서도 하이메 폴라니아 푸요 대령을 언급하면서 "몇 년
뒤 한국 전쟁에 참전한 콜롬비아군의 사령관을 지내면서"라고 설명
한다. 그리고 에세이「문학과 현실에 관하여」에서는『백년의 고독』에
강박 관념으로 등장하는 돼지 꼬리를 이야기하면서 "한 독자는 한국
의 수도인 서울에서 돼지 꼬리를 갖고 태어난 한 소녀의 사진을 오려
서 보냈다. 내가 소설을 썼을 때 생각하던 것과는 정반대로 서울의 그
소녀는 꼬리를 자르고도 살아남았던 것이다."라고 말하기도 한다.

하지만 아무래도 한국과 관련된 가르시아 마르케스의 가장 중요
한 글은 1954년 12월《엘 에스펙타도르》신문에 게재된「한국에서 현
실로」일 것이다. 이 기사가 중요한 것은 이것이 그의 중편 대작으로
꼽히는『아무도 대령에게 편지하지 않다』의 바탕을 이루기 때문이지
만, 이런 사실은 우리나라에서 그리 언급되지 않고 연구도 제대로 되
지 않고 있다. 이 작품에서 시민전쟁에 참전한 군인으로서 문제적 인
물로 등장하는 대령이 보여 주는 완고함과 그의 이미지는 한국 전쟁
에 참여했던 콜롬비아 병사들이 겪은 고통과 밀접한 관계가 있다.

「한국에서 현실로」에는「평화의 희생자들, 참전 용사들」,「훈장
을 저당 잡힌 영웅」,「각각의 참전 용사들, 고독의 문제」세 편의 기사
가 수록되어 있다. 이 기사들은 이미 1954년 2월부터 계획되어 있었
다. 그해 2월 20일자《엘 에스펙타도르》의 '매일매일'이란 코너에 가
르시아 마르케스의 글로 보이는 칼럼이 실렸기 때문이다. 칼럼의 제
목은「영웅들도 먹어야 산다」였다. 이 칼럼은 가난이 극에 달해 훈장

까지도 저당 잡혀야 했던 한국 전쟁 참전 용사들을 다루면서, 보다 자세한 내용은 12월에 「한국에서 현실로」라는 취재 기사 시리즈로 다루어질 것이라면서 끝맺고 있다.

「한국에서 현실로」의 첫 번째 글인 「평화의 희생자들, 참전 용사들」에서 가르시아 마르케스는 '참전 용사'란 단어는 내전 이후 거의 쓰이지 않았는데 콜롬비아 최초의 파견 부대가 귀국한 지 며칠 되지 않아 유행어가 되었다고 지적한다. 참전 용사란 말은 『아무도 대령에게 편지하지 않다』를 비롯해 『백년의 고독』에서도 아우렐리아노 부엔디아 대령의 서른두 번의 봉기를 통해 구체화된다.

두 번째 글인 「훈장을 저당 잡힌 영웅」은 1954년 2월 19일 콜롬비아의 내륙 지방인 아르메니아에서 한국전 참전 용사가 훈장을 저당 잡혔다는 기사가 발표되었다는 소식으로 시작한다. 이 기사를 출발점으로 가르시아 마르케스는 참전 용사들이 평범한 시민으로 돌아왔지만, 물질적으로 어떻게 삶을 꾸려 나가야 할지 몰라서 결국 훈장을 저당 잡힐 수밖에 없던 비참한 상황을 서술한다. 이것은 참전 용사들의 명예와 현실적인 삶 사이의 괴리를 그리는 대표적인 예이다. 『아무도 대령에게 편지하지 않다』에서 이러한 투쟁은 굶는 가운데에서도 대령이 아들의 유산이자 정부 체제에 반대하는 사람들의 의지의 상징인 싸움닭을 파는 것을 거부하는 장면에서 극대화된다.

마지막 글인 「각각의 참전 용사들, 고독의 문제」에서 가르시아 마르케스는 '참전 용사들'이란 말이 실제로 전선에 있었던 사람, 단순히 한국에 있었던 사람, 전쟁에서 부상당한 사람과 사망한 사람, 그리고 그 가족을 일컫는 말로 확산된다고 지적한다. 그러면서 이 기사는 참전 용사들이 사회에 적응하기 어려우며 성격과 건강 문제가 있다는, 당시 사회에 팽배했던 주장이 얼마나 불합리하고 부당한 것인지를 고발한다. 이런 내용은 『아무도 대령에게 편지하지 않다』에서 시민전쟁에 참가했던 대령이 왜 마을 사람들과 고립되어 사는지 설명할 수 있는 단서가 된다. 또한 이런 참전 용사들의 이미지는 후에 『백년의 고독』에서 아우렐리아노 부엔디아 대령과 아우렐리아노라는 이름을 가진 작중 인물들이 세상과 결별하고 고독 속에 침잠하는 것으로 발전된다.

가르시아 마르케스도 자서전 『이야기하기 위해 살다』에서 이 일련의 기사와 자신의 작품의 관계를 이렇게 밝힌다. "(참전 용사들이) 귀국하기 전만 해도 (……) 특별 장학금을 받게 될 거라는 둥, 평생 먹고살 연금을 받게 될 거라는 둥, 미국에서 살 수 있는 편의를 제공받게 될 거라는 둥 다양한 기사들이 신문에 실렸다. 하지만 현실은 그 반대였다. (……) 그 국가적 드라마로 인해 나는 역전의 용사들에게 지급되기로 한 연금을 한없이 기다리던 외할아버지 마르케스 대령을 기억하지 않을 수 없었다. 나는 그런 인색한 정책이 헤게모니를 잡고 있던 보수파에 대항하는 피비린내 나는 전쟁에 참여한 반란군 대령에 대한 보복이라고 생각하기에 이르렀다."[3]

이런 점에서 『아무도 대령에게 편지하지 않다』는 한국 전쟁에서 콜롬비아로 돌아와 처절한 삶을 살아야 했던 참전 용사들의 현실과 이미지를 카뮈의 소설과 접목시킨 것으로 볼 수 있다. 소설은 정부에 반대하는 사람들의 끝없는 저항과 굳은 희망, 그리고 삶에의 집착과 패배를 인정하지 않으려는 의지 등을 중심으로 전개된다. 소설에서 지배적 요소로 등장하는 '싸움닭'은 상징적으로 이러한 모든 요소를 포함한다. 또한 이 작품과 『백년의 고독』에는 유독 '노란 기차'가 등장한다. 가령 『아무도 대령에게 편지하지 않다』는 "화물차 지붕까지 빽빽이 들어찬 채, 더위에 질식해 죽을 것 같은 남자들과 여자들, 그리고 동물들이 가득 찬 누렇고 먼지에 휩싸인 기차"를 보여 주고, 『백년의 고독』에서는 "통과하는 데만 오후 한나절이 걸리던 120량짜리 과일 수송 열차들이 사라지고 난 다음 남아 있던 것이라고는 실어 오거나 실어 가는 사람 하나 없고, 한산한 역에는 거의 서지도 않는 낡고 노란 열차 하나뿐"이라고 서술된다. 이런 기차를 보고 피난민을 가득 실은 한국 전쟁의 누런 기차를 연상하는 것은 지나친 해석일까 의문을 던져 본다.

송병선 한국외국어대학교 스페인어과를 졸업했다. 콜롬비아 카로이쿠에르보 연구소에서 석사 학위를, 하베리아나 대학에서 문학 박사 학위를 취득하고 전임 교수로 재직했다. 현재 울산대학교 스페인중남미학과 교수로 재직 중이다. 저서로 『보르헤스의 미로에 빠지기』 등이 있고 마르케스의 『썩은 잎』, 『콜레라 시대의 사랑』, 『내 슬픈 창녀들의 추억』, 『나는 여기에 연설하러 오지 않았다』를 비롯해 『픽션들』, 『알레프』, 『거미여인의 키스』, 『모렐의 발명』, 『천사의 게임』, 『판탈레온과 특별 봉사대』 등의 작품을 우리말로 옮겼다. 제11회 한국문학번역상을 수상했다.

주

37 나쓰메 소세키와 일본의 근대

1 고모리 요이치는 《아사히신문》 2014년 11월 24일자에 기고한 글에서 집권 자민당이 추
진하는 일본 헌법 개정안 초안을 나쓰메 소세키의 '개인주의' 언설에 근거해서 비판한
바 있다. 즉 "모든 국민은 개인으로서 존중받는다."라는 현행 일본 헌법 제13조 조문에서
'개인'을 '사람'으로 바꾸려는 시도는 '개인의 존엄이나 기본적 인권의 가치'보다는 개
개인을 국가의 대의에 수렴하고자 하는 의도에서 비롯된 것으로 보는 것이다. 나쓰메는
1914년 11월 25일 가쿠슈인(學習院) 대학에서 행한 「나의 개인주의」라는 강연에서 개
인과 국가의 관계에 대해 다음과 같이 말했다. "개인주의를 척결하지 않으면 국가가 망
한다고 주장하는 사람이 적지 않습니다. 그러나 그런 터무니없는 논리는 성립할 수 없습
니다."

2 당시 나쓰메 소세키의 공식 직함은 '강사'였으나, 현재의 직급 체계로는 전임 강사 혹은
조교수에 해당한다.

3 "생각해 보면 나는 어리석었네. 대학 성적은 좋았지. 그래서 자부심도 가졌다네. 그런데
졸업 후 무엇을 했는가 하면 뱀이 겨울잠에 들어간 모양으로 10년을 보낸 거지. 내가 무
언가를 해 보겠다고 마음먹은 것은 영국에서 귀국한 이후로, 아직 3~4년밖에 안 되었네.
그러니까 나는 발심해서 막 걸음마를 시작한 거지. 만일 내가 무언가를 이룬다면 지금부
터가 될 걸세." 가노 고키치(狩野亨吉)에게 보내는 서간(1906. 10. 23)의 일부이다.

4 위의 글.

5 "그러나 한문과나 국문과 쪽은 하고 싶지 않았다. 그래서 결국 영문과를 지망 학과로 택
했다. 단, 그때의 지망 동기는 실로 막연한 것이었는데, 단지 영어와 영문학에 통달해
서 외국어로 훌륭한 문학 저술을 내서 서양인을 놀라게 하고 싶은 희망을 품고 있었다."
(「처녀작 회고담」, 《文章世界》(1908. 9))

6 모리타 소헤이(森田草平)에게 보내는 서간(1911. 1. 3).

7 "서양의 개화(즉 일반적인 개화)는 내발적이고, 현대 일본의 개화는 외발적입니다.
(……) 서양의 개화는 행운유수와 같이 자연스럽게 전개해 오고 있지만, 메이지 유신 후

서양 제국과의 외교 교섭을 통해 비롯된 일본의 개화는 그 성격이 다릅니다."(「현대 일본의 개화」, 1911)

8   2018년 2월 현재 『마음』이 632건, 『도련님』이 408건, 『나는 고양이로소이다』가 396건 순이다.

9   나쓰메 소세키는 1911년에 발표한 에세이에서 메이지 시대와 자신의 삶에 대한 일체감을 밝힌 바 있다. "메이지 유신과 동시에 태어난 나로서는, 메이지의 역사가 곧 나의 역사인 것이다."(「머독 선생의 일본 역사」)

10 夏目漱石, 『漱石全集』(岩波書店, 1993), 297~298쪽.

11 위의 책, 26卷, 312쪽.

12 다케우치 요시미, 서광덕·백지운 옮김, 『일본과 아시아』(소명출판, 2004).

13 夏目漱石, 「韓滿所感(下)」, 《滿洲日日新聞》(1909. 11. 6).

14 다케우치 요시미, 앞의 책, 49쪽.

38 아Q가 보여 주는 역사의 딜레마

1   이 글은 기본적으로 네이버 열린연단: 문화의 안과 밖에서 수행한 강연 내용을 담았지만 수정 보완은 물론이고 많은 내용을 추가했기 때문에 강연과 동일한 것은 아니다. 또한 텍스트의 해설에 초점을 맞추었기 때문에 필자 자신의 기왕의 글들과 중복되는 내용을 피하지 않았다.

2   영어권에서는 Call to Arms라는 양(Yang) 부부의 번역이 통용되어 왔는데 이는 군대 동원 명령이라는 뜻으로서 부적절한 번역이라 생각된다. 이 소설집의 작가 서문을 보면 제목의 '나한(吶喊)'이 전사(戰士)들에 대한 응원의 함성이라는 뜻임을 분명히 알 수 있다.

3   마오쩌둥이 1940년에 발표한 『신민주주의론』의 한 구절이다.

4   1925년 프랑스 유학 중이던 징인위(敬隱漁)가 프랑스어로 번역하여 로망 롤랑에게 보냈고, 로망 롤랑의 추천으로 1926년 5월, 6월에 잡지 《유럽》에 발표되었다. 한국어 번역(양백화 역)은 1930년 1월 4일부터 2월 16일까지 조선일보에 발표되었고, 일본어 번역은 그보다 늦은 1931년에 발표되었다.

5   루쉰의 산문 「아Q정전은 어떻게 씌어졌는가」(1926)에 자세히 밝혀져 있다.

6   바런은 하리파인(下里巴人)이라는 말에서 따온 것으로 시골 사람들의 노래라는 뜻이다. 상류 사회의 노래라는 뜻을 가진 반대말은 양춘백설(陽春白雪)이다.

7   흥미롭게도 프랑스어판에서는 제1장이 번역되지 않았다. 로망 롤랑은 제1장을 보지 못한 것이다.

8 천바이천(陳白塵) 감독의 영화 「아Q정전」(1981)에서는 계(桂) 자를 선택했지만(아꾸 이가 죽은 뒤 술집 주인이 외상 장부에서 阿桂라고 씌어진 이름자를 지운다.) 이는 작가 의 의도와는 부합되지 않는다.

9 웨이드식을 대체한 오늘날 중국어 발음 표기법, 즉 한어병음자모(漢語倂音字母)라고 불 리는 표기법에서는 꾸이를 Gui라고 표기한다.

10 우(吳)씨와 결혼한 여자를 부르는 호칭. 작중의 우마는 과부이다.

11 정신승리법을 간단하게 설명해 주는 제2장의 두 장면을 인용한다.
　　(1) 아Q는 형식상으로 패배했다. 놈들은 노란 변발을 휘어잡고 벽에 그의 머리를 너덧 번 쿵쿵 짓찧었다. 건달들은 그제야 만족해하며 의기양양하게 돌아갔다. 아Q는 잠 시 선 채로, '나는 자식에게 맞은 셈 치자. 요즘 세상은 정말 개판이야……'라고 생 각했다. 그러고 나서는 그도 만족하며 의기양양하게 돌아갔다.
　　(2) 그러나 10초도 지나지 않아 아Q도 역시 만족해하며 의기양양하게 돌아갔다. 그는 자기가 자기 경멸을 잘하는 제일인자라고 생각했다. '자기 경멸'이라는 말을 빼고 나 면 남는 것은 '제일인자'이다. 장원 급제도 '제일인자'이지 않은가? "네까짓 것들이 뭐가 잘났느냐!"

12 김지하 시인의 시론 『풍자냐 자살이냐』에 나오는 표현이다. 필자의 아Q 분석의 도구 중 중요한 일부는 이 시론에서 원용한 것이다.

13 한국어 번역본은 2015년에 나왔다. 왕후이, 김영문 옮김, 『아Q 생명의 여섯 순간』(너머 북스, 2015).

14 이 순간들을 서술할 때 이야기꾼식의 서술에서 근대적인 3인칭 주관적 시점의 서술로 변화된다는 점을 왕후이는 예리하게 포착하고 있는데 이런 데서 왕후이의 탁월함이 잘 나타난다고 생각한다.

15 우랴오(無聊)는 루쉰이 많이 사용한 말 중 하나이다. 우랴오라는 중국어 단어는 지루하 다, 심심하다, 시시하다, 뻔뻔하다, 무의미하다 등 여러 가지 뜻으로 사용되는데 루쉰은 여기에서처럼 자주 무의미하다는 뜻으로 사용했다.

16 루쉰이 사용한 중국어 단어는 즈쥐에(直覺)인데 이는 직관이라는 뜻도 될 수 있고 직감 이라는 뜻도 될 수 있다. 중국어에는 즈관(直觀)과 즈간(直感)이라는 말이 다 따로 있기 도 한데 즈쥐에는 그 둘에 걸쳐 있는 셈이다. 소설에서 사용된 즈쥐에라는 말은 직감이 라는 뜻으로 보는 게 합당할 것이다.

17 최근 비판자들은 이 체제를 특색(特色) 권귀(權貴) 관료 자본주의라고 부르고 있다. 특 색은 중국 특색, 즉 중국적이라는 뜻이고, 권귀는 권세가라는 뜻이다.

18 이와 관련한 일화를 하나 소개하자면, 최근 필자가 중국의 카카오톡인 웨이신 채팅방에 서 왕후이가 말한 아Q의 부활에 대해 언급했더니 한 중국 학자가 반박했다. "아Q는 죽

은 적이 없는데 어떻게 부활을 하느냐?" 그의 말이 맞는 것 같다.

39 리얼리즘 소설의 대표작

1 오노레 드 발자크, 이동렬 옮김, 『고리오 영감』(을유문화사, 2010), 17쪽. 글 속 『고리오 영감』의 발췌문은 모두 이 판본에서 인용했다.

2 위의 책, 18쪽.

3 위의 책, 22쪽.

4 위의 책, 21쪽.

5 Maurice Bardèche, *Balzac, Romancier*(Genève: Slatkine Reprints, 1967), p. 517.

6 오노레 드 발자크, 앞의 책, 46쪽.

7 위의 책, 386쪽.

8 위의 책, 378~379쪽.

9 위의 책, 20쪽.

10 위의 책, 73쪽.

11 위의 책, 156쪽.

12 위의 책, 163쪽.

13 위의 책, 73쪽.

14 위의 책, 118쪽.

15 위의 책, 314쪽.

16 위의 책, 187쪽.

17 위의 책, 367쪽.

18 위의 책, 367쪽.

19 위의 책, 403쪽.

20 위의 책, 404쪽.

21 Jean-Louis Bory, "Balzac dévoile le dessous des cartes," *Balzac*(Hachettes, 1971), p. 108.

22 Pierre Baréris, *Le Monde de Balzac*(Arthaud, 1973), p. 372.

23 오노레 드 발자크, 앞의 책, 198쪽.

24 위의 책, 223쪽.

25 André Wurmser, *La Comédie inhumaine*(Gallimard, 1979), p. 102.

26 오노레 드 발자크, 앞의 책, 18쪽.

27 위의 책, 30쪽.

28 위의 책, 29~30쪽.

29 위의 책, 376쪽.

40 『마담 보바리』를 읽는 일곱 가지 방식

1 2부 11장 안짱다리 수술 실패 후 참조. "이 사내 때문인 것이다! 그는 온통 태평스럽게 여기 이러고 있으니 말이다. 자기의 우스꽝스러운 이름이 이제부터는 그녀까지 더럽히게 된다는 것을 깨닫지도 못하고 있는 것이다.(Car Il était là! Tout tranquillement, et sans même se douter que le ridicule de son nom allait désormais la salir comme lui.)"

2 엠마의 모자와 베일에 관한 서술은 다음 장면들에서도 보인다. (로돌프와 있을 때) "그때 그녀가 쓰고 있던 남자용 모자에서 허리께까지 비스듬히 늘어져 있는 베일을 통해서 마치 하늘빛 물결 속을 헤엄쳐 온 것 같은 그녀의 얼굴이 투명한 푸른빛 속에 잠겨 있는 것을 볼 수 있었다."(II-9); "그래서 역마차의 창문에 당신 것과 비슷한 숄이나 베일이 펄럭이는 것을 보면 그런 마차는 모조리 뒤쫓아 가곤 했습니다."(III-1); (마차 안에서 레옹과 밀회하고 내린 뒤) "그녀는 눈을 내리깔고 벽에 바싹 붙어 걸으면서도 늘어뜨린 검은 베일 속에서는 쾌락의 미소를 짓고 있었다."(III-5); "그때부터 그녀의 생활은 온통 거짓말투성이였다. 그녀는 자기의 사랑을 마치 베일로 감싸듯이 거짓말 속에 싸서 숨겼다."(III-5)

41 현실의 지평을 넓히다

1 가브리엘 가르시아 마르케스, 조구호 옮김, 『이야기하기 위해 살다』(민음사, 2007), 33~34쪽.

2 위의 책, 538쪽.

3 위의 책, 682~683쪽.

고전 강연 전체 목록

고전 강연

6 근대·현대 소설 (1)

1판 1쇄 찍음 2018년 3월 16일
1판 1쇄 펴냄 2018년 3월 23일

지은이 윤상인, 전형준, 이동렬, 김화영, 송병선
발행인 박근섭·박상준
펴낸곳 (주)민음사

출판등록 1966. 5. 19. 제16-490호
주소   (135-887) 서울시 강남구 도산대로 1길 62(신사동)
          강남출판문화센터 5층
대표전화 515-2000 | 팩시밀리 515-2007
홈페이지 www.minumsa.com

ⓒ 윤상인, 전형준, 이동렬, 김화영, 송병선, 2018. Printed in Seoul, Korea

ISBN   978-89-374-3662-8 (04100)
       978-89-374-3656-7 (세트)

NAVER
문화재단   이 책은 네이버 문화재단의 후원으로 만들어졌습니다.